Viver Apaixonadamente com Kierkegaard

Dados Internacionais de Catalogação na Publicação (CIP)
(Câmara Brasileira do Livro, SP, Brasil)

Clerget-Gurnaud, Damien
  Viver apaixonadamente com Kierkegaard / Damien Clerget-Gurnaud ; tradução Maria Ferreira. – Petrópolis, RJ : Vozes, 2021.

Título original: Vivre passionnément avec Kierkegaard

ISBN 978-65-5713-249-4

1. Autoconhecimento 2. Felicidade 3. Individualidade 4. Kierkegaard, Søren, – 1813-1855 – Crítica e interpretação 5. Paixão (Filosofia) I. Título.

21-67213 CDD-128

Índices para catálogo sistemático:
1. Paixão : Filosofia   128

Maria Alice Ferreira – Bibliotecária – CRB-8/7964

Viver Apaixonadamente com Kierkegaard

DAMIEN CLERGET-GURNAUD

Tradução de Maria Ferreira

© 2015, Éditions Eyrolles, Paris, France

Tradução realizada a partir do original em francês intitulado
Vivre passionnément avec Kierkegaard.
Edição brasileira publicada por intermédio da Agência Literária A.C.E.R.

Direitos de publicação em língua portuguesa – Brasil:
2021, Editora Vozes Ltda.
Rua Frei Luís, 100
25689-900 Petrópolis, RJ
www.vozes.com.br
Brasil

Todos os direitos reservados. Nenhuma parte desta obra poderá ser reproduzida ou transmitida por qualquer forma e/ou quaisquer meios (eletrônico ou mecânico, incluindo fotocópia e gravação) ou arquivada em qualquer sistema ou banco de dados sem permissão escrita da editora.

CONSELHO EDITORIAL

Diretor
Gilberto Gonçalves Garcia

Editores
Aline dos Santos Carneiro
Edrian Josué Pasini
Marilac Loraine Oleniki
Welder Lancieri Marchini

Conselheiros
Francisco Morás
Ludovico Garmus
Teobaldo Heidemann
Volney J. Berkenbrock

Secretário executivo
João Batista Kreuch

Diagramação: Sheilandre Desenv. Gráfico
Revisão gráfica: Lorena Delduca Herédias
Capa: Renan Rivero

ISBN 978-65-5713-249-4 (Brasil)
ISBN 978-2-212-55738-1 (França)

Editado conforme o novo acordo ortográfico.

Este livro foi composto e impresso pela Editora Vozes Ltda.

À *Vouivre**

"Exausta da morte moderna, soube que ali encontraria um pensamento de carne vermelha."

Lydie Dattas, *La Foudre* [O raio]

---

* Dragão fêmea cuja função seria, segundo os contos populares franceses, guardar os tesouros e vigiar as princesas aprisionadas (N.T.).

Sumário

Como usar, 9

I – Os sintomas e o diagnóstico – Doentes de desespero?, 13
Carrasco de si mesmo, 18
Quando a medicina se apodera do desespero, 25
A ilusão da felicidade, 36
Sob o signo da contradição, 46

II – As chaves para compreender – O esquecimento da paixão, 55
O mito do sujeito pensante, 61
A ilusão de um conhecimento objetivo, 70
A renúncia à beatitude, 76
Nossa orgulhosa presunção de indivíduos soberanos, 91

III – Os meios de agir – Redescobrir a nobreza de uma vida ética, 101
Não fazer de nossa vida uma ficção, 106
Escolher-se verdadeiramente, 116
Servir ao ideal, 127
Seguir a moral, 136

IV – Uma visão do sentido da existência – Reconhecer a autêntica presença do divino, 153
O sentimento de ser falível, 158
A presença do divino, 169
A Boa-nova, 179

Elementos de uma vida, 189

Guia de leitura, 193

Como usar

Este é um livro de filosofia diferente dos demais.

A filosofia sempre teve a ambição de melhorar nossa vida nos fazendo compreender quem somos. Mas a maioria dos livros de filosofia se interessou, sobretudo, pela questão da verdade e se limitou a estabelecer fundamentos teóricos, sem interesse pelas aplicações práticas.

Nós, ao contrário, iremos tratar daquilo que podemos extrair de uma grande filosofia com vistas a mudar nossa vida: o pequeno detalhe cotidiano, assim como o olhar que lançamos sobre nossa existência e o sentido que lhe damos.

No entanto, não se pode pensar a prática sem revisar a teoria. A felicidade e a realização se complementam mutuamente e nenhuma delas acontece sem um esforço de reflexão. Procuraremos evitar a complacência e as receitas fáceis de certos manuais de desenvolvimento pessoal. Uma nova maneira de agir e de viver implica sempre também uma nova maneira de pensar e de se conceber. Descobriremos assim o prazer, por vezes vertiginoso, do pensamento que, por si só, provoca já uma mudança em nossa vida.

Por isso, convidamos o leitor a refletir alguns conceitos antes de lhe propor interrogar-se sobre si mesmo.

Primeiramente cabe-nos identificar nossas questões, em seguida interpretá-las com a ajuda de novas teorias para, enfim, poder remediá-las por meio de ações concretas. Somente depois que já tivermos mudado nossa maneira de pensar, de sentir e de agir é que poderemos nos interrogar a respeito do quadro mais amplo de nossa vida e seu sentido. É por isso que este livro, dividido em quatro grandes partes, avançará da seguinte forma:

I – Os sintomas e o diagnóstico

Nós determinamos inicialmente o problema a ser resolvido: de que sofremos e o que é que determina a condição humana? Como compreender com precisão nossos equívocos e nossas ilusões? Abordar os problemas de forma correta já é um primeiro passo em direção à sua solução.

II – As chaves para compreender

O que é que a filosofia traz de novo para iluminar essa compreensão? O que é que devemos mudar radicalmente em nossa maneira de ver para assumirmos de fato nossa vida? Aqui, o leitor conhecerá as teses mais inovadoras da filosofia que o ajudarão a produzir um novo olhar sobre si mesmo.

III – Os meios para agir

Como essa nova concepção do ser humano muda nossa maneira de agir e de viver? Como se pode aplicar ao cotidiano nossa nova filosofia? Como nosso pensamento transforma nossas ações que, por sua vez, transformam quem nós somos? O leitor encontra aqui receitas que podem ser aplicadas ao seu cotidiano.

IV – Uma visão do sentido da existência

Apresentaremos, enfim, as teses mais metafísicas, mais especulativas, de Sartre. Se o leitor já aprendeu a gerir melhor sua vida no dia a dia, resta-lhe agora descobrir um sentido mais global para enquadrar sua experiência. Enquanto os capítulos precedentes lhe mostravam métodos, meios para viver melhor, nesta última parte ele se confrontará com a questão do propósito, a finalidade da existência, que não pode ser determinado sem uma visão global e metafísica do mundo e do lugar que ocupamos nele.

Assim, este livro não é um livro apenas para ser lido, mas também para ser posto em prática. Questões concretas a respeito de nossa vida acompanham as teses apresentadas em cada capítulo. Não o leia passivamente, mas arregace as mangas para questionar sua vida e obter, assim, respostas honestas e pertinentes. Com provocações e exercícios concretos, você será incitado a trazer para dentro de sua vida concreta os ensinamentos da filosofia. Da mesma maneira, esforce-se para apropriar-se deles e encontrar situações oportunas para praticá-los seriamente.

Você está pronto para começar a viagem? Pode ser que ela o surpreenda, ou pareça, às vezes, árida, ou quem sabe chocante... Você está preparado para sentir-se desestabilizado, arremessado em uma nova maneira de pensar e, portanto, de viver? Essa viagem através das ideias de um filósofo do século XIX o transportará também para o fundo de você mesmo. Então, deixe-se guiar ao longo destas páginas, acompanhando as questões e as ideias apresentadas, para descobrir como o pensamento de Kierkegaard pode mudar sua vida.

I

Os sintomas e o diagnóstico

Doentes de desespero?

Hoje o indivíduo ocupa um lugar central nas sociedades ocidentais. É difícil encontrar um lugar, no trabalho ou em outra parte, onde não sejamos incentivados a demonstrar iniciativa, a afirmar quem somos, a definir o que somos, qualidades e defeitos emaranhados etc. Assim também é à liberdade dos indivíduos, mais que à dos povos, que estamos agora ligados. Nossos direitos imprescritíveis, como os direitos humanos, tornaram-se, sobretudo, direitos "individuais", isto é, ligados aos indivíduos em sua eminente qualidade de indivíduos. Até a maneira como olhamos nossos filhos, que só há bem pouco tempo são considerados como pessoas plenas com direitos próprios. Política, social, culturalmente, nas instituições e nos costumes, nos parlatórios ministeriais e na intimidade dos quartos, o indivíduo tornou-se, assim, o centro de gravidade em torno do qual se organiza todo um universo mental.

Ao mesmo tempo, como sob uma luz demasiado crua, todos os problemas relacionados à individualidade adquiriram um relevo impressionante. Pois, uma vez retirado tudo o que se opunha ao direito dos indivíduos, uma vez cada um responsável por si mesmo, o que, então, se deveria esperar? Pensava-se que seria realmente fácil ser si mesmo, desde que nos deixassem, enfim, toda latitude de sê-lo? Basta ter a permissão de ser si mesmo, esse indivíduo, para se tornar sem mais embaraços o que somos? Em vez disso, convivemos com incessantes sofrimentos que, regularmente, nos precipitam nos consultórios dos psicoterapeutas. De uma época radiante em que a vida individual era adornada com todos os encantos de uma terra prometida, passamos abruptamente a esse tempo desencantado em que a identidade pessoal se tornou a fonte de todos nossos tormentos. Ninguém podia suspeitar que as coisas terminariam tão mal.

Exceto Søren Kierkegaard. Esse filósofo dinamarquês, esse pequeno provinciano do pensamento, esse cristão furioso que preenche suas folhas com sermões edificantes contra toda uma época, parece ter simplesmente passado, é o mínimo a ser dito, ao largo do grande vento da história. Homem ultrapassado, quem sabe, que não parece ter sido verdadeiramente de seu tempo – a primeira metade do século XIX – e menos ainda do nosso. E, no entanto, esse sombrio pensador de Copenhague também é, por uma espécie de ironia do destino, o filósofo mais atual que existe, pois ninguém se mostrou defensor mais obstinado do indivíduo. E, no entanto, ninguém antecipou melhor as ameaças às quais nossas sociedades individualistas se encontrariam inevitavelmente expostas:

> "Seria quase necessário acreditar que a geração à qual eu também tenho a honra de pertencer deve ser um reino de deuses. E, no entanto, ele não é nada disso; essa plenitude de força, essa coragem que deseja assim ser a criadora de sua própria felicidade, sim sua própria criadora, é uma ilusão; e, ao perder o trágico, o presente ganha o desespero". (*Ou bien... Ou bien...*, p. 113)

Nunca convivemos tanto com o desespero. Segundo o último relatório da OMS,[1] 25% da população europeia sofre todo ano de depressão ou de ansiedade e 50% das licenças por doenças crônicas se devem a elas. E mais: 50% das principais depressões não são tratadas, o restante sendo tratado a um custo total de 170 bilhões de euros. Não surpreende que, em tal contexto, os indivíduos precisem mais que nunca de assistência para carregar o fardo de uma identidade que, por não ser mais esmagada, nem por isso se tornou menos esmagadora.

Estamos realmente armados para enfrentar esse fenômeno? É claro que médicos competentes, psicólogos respeitáveis, laboratórios farmacêuticos fornecedores de medicamentos reconfortantes trabalham dia e noite para combater o desespero. Mas a amplitude do fenômeno e sua permanência nos mostram bem que ainda não encontramos a solução milagrosa. Longe de fazer recuar o desespero, os avanços da terapia moderna o tornaram um mercado

---

1 OMS, "La dépression en Europe: faits et chiffres", www.euro.who.int.

muito rentável e vendedores de soluções, conselheiros, coachs, especialistas em autogestão prosperam à sombra do mal-estar existencial. Para que fim, exatamente? Não haveria em tudo isso um flagrante erro de perspectiva que, apesar dos méritos apreciáveis de todas essas abordagens, as destina ao fim das contas ao mesmo fracasso? A saber: a ideia persistente de que o desespero seria em nós a marca de uma disfunção, de uma anomalia que deveria ser retificada para retomar sua vida normal. Mas em que se baseia essa crença? O que a autoriza?

Assimilar o desespero a um incidente ainda é nossa melhor proteção, uma maneira de barrá-lo psicologicamente na impossibilidade de enfrentá-lo de outra forma. Conta a lenda que os cidadãos de Abdera adotaram a mesma estratégia diante do desespero de seu cidadão mais ilustre, Demócrito. Inquietos com o riso inexplicável e demencial do filósofo, eles chamaram Hipócrates, o médico mais importante, para livrá-lo da loucura. De sua conversa, Hipócrates saiu convencido de que nunca vira homem mais são, muito mais são em seu desespero que os felizes habitantes de Abdera que o acreditavam doente... Mudemos, então, de perspectiva e nos perguntemos: devemos, com efeito, tratar o desespero como uma "doença"?

Carrasco de si mesmo

O sentimento de desespero, tão humano, não é nenhuma novidade. Mas encontrou em nosso tempo individualista condições particularmente favoráveis. O desespero é, com efeito, uma doença que afeta especificamente o sentimento que o indivíduo tem de si mesmo. É, poderíamos dizer, "a" patologia do eu. Em um contexto de intensa promoção dos egos, ele encontra naturalmente um terreno onde florescer livremente. Tantos indivíduos, o mesmo tanto de presas para se apoderar. Mas como reconhecer a presença desse mal que nos desespera? Em particular, por isso: quando estamos desesperados, em vez de sermos nosso mais fiel aliado, tornamo-nos para nós mesmos um inimigo declarado. Intimados a glorificar nosso eu, desenvolvemos de súbito um ódio inextinguível por ele.

Situações desesperantes...

Uma jovem cujo amado a abandonou por outra; um pai que deplora o distanciamento de seu filho; um doente que recai em uma doença que acreditava já ter vencido; um patrão confrontado à inevitável falência depois de ter lutado, durante meses, para salvar sua empresa: todos esses exemplos, e muitos outros, ilustram o que chamamos situações desesperantes. O ponto comum? Elas constituem provações que, quando as sofremos, parecem não ter nenhuma solução, nenhuma saída salutar. "Não há esperança", diz-se a jovem que não aguarda mais o retorno do homem amado. "Não há esperança", pensa o doente cansado de ter de lutar dia após dia. "Não há esperança", repete-se o pai que pensa no filho perdido para sempre.

É claro que há motivo para desesperar. Mas de que nos desesperamos exatamente? Ou melhor, qual é a especificidade do sentimento de desespero? A jovem abandonada poderia contentar-se, como muitas outras, em suportar sua mágoa amorosa sem, no entanto, transformá-la em desespero. Também poderia começar a odiar quem a abandonou, encontrando nesse ódio um meio de aliviar sua dor. Então por que o desespero? Porque, em vez de condenar seu amante volúvel, ela prefere focar em si mesma o raio oblíquo da suspeita: "O que há de errado comigo? Por que não consegui mantê-lo? Será que exigia demais? Sou feia, idiota, uma qualquer? O que ela tem que eu não tenho?" Então seu problema reside em sua própria incapacidade de não ter conseguido manter junto dela quem ela amava. Do mesmo modo, o pai se acusará, e não o filho: "Não fui um bom pai, com certeza! O erro é meu..." E o doente estará mais desesperado com sua impotência para vencê-la que com a doença. Não devemos, pois, nos enganar: se aparentemente podemos desesperar com muitas coisas, com uma situação, com um amor perdido, o alvo real de nosso desespero somos nós mesmos:

> "Desesperar de algo ainda não é, pois, um verdadeiro desespero, é o seu começo, ele está latente, tal como dizem os médicos de uma doença. Depois se declara: desespera-se de si próprio. Olhe uma jovem desesperada de amor, isto é, da perda de seu amado, morto ou volúvel. Essa perda não é um desespero declarado, mas é dela mesma que ela se desespera. Esse eu, do qual se viu furtada, que teria perdido do modo mais delicioso se ele tivesse se tornado o bem do outro, esse eu agora causa seu aborrecimento, porque tem de ser um eu sem o outro." (*Traité du désespoir*, p. 358-359).

...e defeitos desesperantes

Fora desses eventos pontuais, nosso desespero pode ser direcionado a objetos mais familiares: nossos defeitos. Podemos desesperar de nosso físico, de nossa falta de jeito, de nossa falta de talento, de nossa falta de ambição etc.: "Acho que sou gorda", "Estou farta de ser enganada", "Adoraria ser mais corajosa". Assim, passamos um bom tempo tentando remediar o que consideramos, com ou sem razão, como nossos defeitos. Alguns procuram perder peso para ter uma silhueta de atleta, outros se instruem para remediar as carências de sua educação, outros seguem cursos de teatro para aprender a vencer sua timidez etc.

Mas nada disso é desespero. Enquanto for somente isso ou aquilo "em nós" que nos aflige, não temos razão alguma para questionar a validade de nossa existência pessoal. Podemos ter um defeito, querer perdê-lo, sem, no entanto, ter o sentimento de declarar guerra contra nós mesmos. Em contrapartida, se nós nos identificamos com esse defeito a ponto de "ser" esse defeito, se medimos toda a nossa pessoa com a régua dessa fraqueza, o que acontece? De súbito, a crítica ao nosso defeito torna-se um questionamento pessoal de nós mesmos: "Eu *sou* um covarde!" "Eu *sou* um bronco!", "Eu *sou* fraco!", e assim por diante. O defeito adquire de uma só vez os contornos exatos de nossa pessoa, torna-se nossa identidade e, literalmente, "cola na pele". Não um simples defeito em mim, e sim nada menos do que esse eu falho. Por isso, não desesperamos de um defeito em si, mas de um eu que julgamos frágil.

Um eu obsedante que se tornou detestável

É para o eu, pois, e só para ele, que o desespero tem de prestar contas. Quando estamos desesperados, o eu fragilizado é a tal ponto invasivo que ocupa um lugar desmedido. Com certeza você já viu uma pessoa próxima cair no desespero. Nunca lhe aconteceu de ter de lutar contra um sentimento de irritação? Porque, por trás do que parece ser uma mania sistemática de autoflagelo, estaríamos quase tentados a perceber uma manifestação dissimulada de egoísmo que nos dá vontade de lhe dizer: "Pare de olhar para o próprio umbigo, pare de pensar só em você!" De fato, o desesperado ocupa-se demais consigo mesmo. Seus próprios defeitos, sempre exibidos como outras tantas feridas sanguinolentas, parecem fornecer-lhe repetidas ocasiões de pensar em si mesmo. Ele, mais uma vez ele, sempre ele. Só existe ele, então? Sim, de certa forma. Mas não se trata de egoísmo! Às vezes as aparências enganam. Podemos estar obcecados por alguém e pensar nele dia e noite, porque o amamos além da conta. Mas não fazemos o mesmo quando pensamos, dia após dia, naqueles que detestamos e que gostaríamos que desaparecessem? Assim, há uma maneira de se ocupar odiosamente de si que assume a aparência de um amor imoderado.

O desespero é uma doença extremamente perigosa, pois sempre carrega com ele a tentação do suicídio. Por sorte, nem todos os nossos desesperos nos conduzem de forma sistemática a tal extremidade. Kierkegaard distingue, assim, claramente duas formas de desespero cuja gravidade não é igual: um em que se quer ser si mesmo, e outro em que não se quer mais ser si mesmo. É evidente que o primeiro é menos perigoso, uma vez que se apoia em uma imagem ideal de si, que não se pode alcançar, mas que nem por isso deixa de ser a verdadeira identidade que o desesperado reivindica. Certo, ele se desespera de si mesmo, mas o faz em nome de um eu ideal com o qual sente mais afinidade. Por exemplo, um crente pode desesperar-se de si mesmo quando se sente pecador. Mas esse desespero permanece ligado a um ideal de santidade que o habita e ao qual sente intimamente pertencer. Por isso, a própria validade de sua existência pessoal encontra um refúgio nesse eu que ele quer ser e que, no fundo, se sente destinado a ser. Nada disso acontece na segunda forma de desespero. Nela, o indivíduo alimenta uma relação puramente negativa consigo mesmo. Não pretende livrar-se de si mesmo para se tornar aquele que teria vocação de ser, não se propõe a assumir outra identidade, mas apenas a se despedir de si mesmo para mergulhar nas águas perpétuas de um sono distraído. Morrer, dormir, talvez sonhar...

Como é sua própria pessoa que causa problema, é, portanto, com ela que o desesperado quer acabar.

A tentação do suicídio

A questão que, então, se coloca é saber como uma pessoa desesperada acaba por desejar suicidar-se. O que explica uma passagem ao ato que permanece, para todos os próximos, uma decisão inexplicável? Poderemos sempre invocar causas afetivas, fatores fisiológicos, fragilidades de todos os tipos. Porém o mais importante é o fato de o desesperado mirar em um objeto que não lhe deixa nenhuma escapatória: ele mesmo.

De um lado, com efeito, o desesperado se desespera de si mesmo, de um si do qual desejaria se livrar. Mas, de outro, mais se desespera, mais está presente nesse eu do qual desejaria, no entanto, fugir. O desesperado não se suporta mais, no entanto não pode se abandonar e sua presença até se reforça com esse desespero que gostaria de aboli-lo: quanto mais pensa em se abandonar, menos consegue esquecer-se de si! Ele precisa dele mesmo para desesperar de si mesmo. O acusado não pode estar no tribunal se o juiz não o convocar. E esse juiz é o eu que, perpetuamente, triunfa sobre seu ódio: "É todo o meu sangue, esse veneno escuro! Sou o sinistro espelho em que a megera se olha."[2]

É o que, então, explica não ser o suicídio, como se pensa, a vontade de se destruir. Ou melhor: é porque alguém, não importa o que faça, nunca consegue livrar-se de si mesmo que acaba por se suicidar... para fazer desaparecer uma contradição mais e mais manifesta:

> "Eis o ácido, a gangrena do desespero, esse suplício cuja ponta, virada para dentro, nos penetra cada vez mais em uma autodestruição impotente. Longe de consolar o desesperado, o fracasso de seu desespero em destruí-lo é, pelo contrário, uma

---

2 Charles Baudelaire, "L'Héautontimorouménos", *Les Fleurs du mal* [As flores do mal, Penguin-Companhia, 2019]].

tortura, que reaviva seu rancor, sua fome; é acumulando sem cessar no presente o desespero passado que ele se desespera de não poder se devorar nem se desfazer de seu eu, nem se aniquilar. Esta é a fórmula de acumulação do desespero; o aumento da febre nessa doença do eu." (*Traité du désespoir*, p. 35)

Na França, segundo os dados fornecidos pelo Inserm para o ano de 2011,[3] o suicídio representava a primeira causa de mortalidade entre as pessoas com 25-34 anos e a segunda entre as com 15-24 anos. E essas são apenas as manifestações mais gritantes do desespero. Quem ousaria pretender, nessas condições, que o desamor de si permanece um fenômeno marginal, uma dolorosa exceção à norma geral de um amor ordinário de si? Por que, nesse caso, precisamos tanto, por vezes até a súplica, do amor dos outros? E por que nos esforçamos tanto para nos atordoar e nos distrair constantemente de nós mesmos?

---

3 CépiDc-Inserm, "État des lieux du suicide en France", 2011, www.sante. gouv.fr.

Questões vitais

1. Você tem um defeito que o desespera? Por que esse, e não outro? Se um de seus conhecidos tenta consolá-lo(a) dizendo que você está enganando-se, isso ajuda a melhorar? Se não for esse o caso, será realmente desse defeito que você desespera, ou não seria porque se desespera de si mesmo(a) que você tende naturalmente a se outorgar tantos e tantos defeitos: um nariz não tão reto assim, olhos próximos demais, sobrancelhas convexas demais, uma boca fina demais etc.?

2. Já aconteceu de não se suportar mais, de não querer ser mais você mesmo e de desejar desaparecer? Quem sabe até já teve pensamentos suicidas. Por que esse julgamento definitivo, essa condenação sem recurso?

Seu desespero não está ligado a uma aspiração generosa, a um impulso para um ideal que você não consegue atingir e que, ainda assim, continua sendo o fiador de sua verdade existencial?

3. Que relação você mantém com as diversões? Recorre a elas moderadamente para relaxar depois um dia duro de trabalho, ou encontra nelas um refúgio para se entorpecer e se distrair de si mesmo(a)? Por exemplo, se você tende a beber mais do que deve, a percorrer as noitadas ruidosas abandonando, assim que possível, o espaço silencioso de sua casa, ou se não consegue ficar quinze minutos sozinho(a) sem sentir um mal-estar que o força a ligar compulsivamente a televisão, não é por que secretamente você procura fugir de si mesmo(a)? Parece-lhe possível passar um bom tempo consigo mesmo(a) sem que, quase naturalmente, você se deprima?

4. Depois deste capítulo, você compreende que é de você mesmo(a) que está desesperando-se? Procure compreender por que o desespero fragiliza tanto a imagem que tem de si mesmo(a). O que, segundo você, explica esse desamor? Ao que ele se deve?

Quando a medicina
se apodera do desespero

Ao afetar especificamente o sentimento que temos de nós mesmos, o desespero tornou-se o verdadeiro mal dos tempos modernos e, de fato, um desafio sanitário do qual a medicina se apoderou com muita naturalidade. Quantos de nossos desesperos acabam nas salas de espera dos consultórios de atendimento? Quaisquer que sejam os méritos incontestáveis de uma abordagem terapêutica, é possível se interrogar sobre a validade do pressuposto sobre o qual ela se apoia: temos, com efeito, o direito de reduzir o desespero a uma simples patologia, correndo-se o risco de menosprezar sua dimensão existencial?

O desespero, um delírio?

À primeira vista, é fácil compreender as razões que impõem uma perspectiva terapêutica. Sempre há algo de desconcertante nesse sofrimento que toma a aparência de um julgamento definitivo dirigido contra si mesmo: "Não valho nada. Sou um fracassado, um 'looser', um homem desinteressante". O profissional enxerga muito bem o enorme perigo desse discurso. Mas tende a vê-lo como um fenômeno de amplificação sem relação direta com o problema em questão. Em outras palavras, essa autodesvalorização seria um sintoma, cujas consequências podem ser terrivelmente funestas, mas que não pode, no entanto, ter sua razão em nós. Esta fúria de autodepreciação é radical demais para ser outra coisa que o "delírio" de um espírito sofredor.

Tudo isso leva a ver nessa fúria apenas o sintoma mais evidente de um episódio "depressivo". O indivíduo se desespera *porque* está deprimido. Dedicamo-nos, então, a procurar as causas e fatores físicos e/ou psíquicos. Em outras palavras: eu sou o verdadeiro objeto do desespero, mas sua causa, em contrapartida, não poderia ser eu. Maneira de dizer que, por meio de meu desespero, eu sofreria na realidade de outra coisa da qual não tenho necessariamente consciência, por exemplo de problemas de infância não resolvidos. Meu ódio de mim mesmo não seria, assim, a causa verdadeira de meu sofrimento, seria apenas o seu resultado. Àquele que desespera, nós diremos: "Você não sofre porque se desespera de si mesmo; você se desespera de si mesmo porque está sofrendo". Só resta, então, identificar esse sofrimento secreto, trazê-lo à luz e vencê-lo, para vencer ao mesmo tempo o automenosprezo.

A dimensão existencial do desespero

Por que essa vontade de reduzir o desespero a causas ocultas? Porque a maneira como o desesperado tira partido de um problema particular para elevá-lo às vastas dimensões de uma falência pessoal parece excessiva, para não dizer delirante. Um fracasso singular, qualquer um, talvez se deva a múltiplas causas. Todos nós, em nossa vida, sofremos fracassos pessoais. Uma desilusão amorosa, uma dificuldade profissional são coisas bem comuns. Mas nem por isso as transformamos nas testemunhas de uma falência generalizada! Ter sido dispensado uma vez não basta, em princípio, para legitimar a constatação de que seríamos para sempre incapazes de agradar. O desesperado, no entanto, mostra-se bastante disposto a tal generalização. "No fundo, ele pensa, o problema é que *nunca* conseguirei algo, estarei *sempre* destinado ao fracasso. Não é, então, por causa disto ou talvez daquilo que as coisas acontecem assim; é por minha causa!" "Nunca", "sempre"... estes são conceitos muito utilizados pelo desesperado e que explicam o obsedante sentimento de impasse no qual se encontra. O problema localizado que ele descobre assume a aparência de um problema global que exige nada menos que a ideia de totalidade:

> "O temporal (como tal) é precisamente o que se desmorona no fato particular. É impossível, na realidade, perder todo o temporal ou dele ser privado, pois a totalidade é um conceito. O eu desenvolve primeiro a perda real até o infinito, e se desespera em seguida do temporal *in toto*". (*Traité du désespoir*, p. 408).

A totalidade é um conceito, com efeito. Isso não significa que ela não designa nenhuma realidade. Mas, em nossa vida cotidiana, nunca somos confrontados diretamente com ela. Uma ruptura amorosa é uma experiência bastante dolorosa em si. É preciso certo tempo para se curar. Mas o que torna o processo ainda mais difícil é nossa maneira natural de acentuar a perda dando-lhe as dimensões de uma totalidade. A raiva de ter sido abandonado logo é substituída pela raiva de não saber como nos livrarmos da dor: "Por que ainda sinto dor? Ela realmente não a merece!" A raiva contra o outro torna-se, assim, a raiva contra si. Depois, de tanto nos perguntarmos por que não conseguimos nos curar, nossa preocupação pouco a pouco muda de objeto. Do problema local que enfrentamos, fazemos um problema muito mais geral: "Por que sou tão fraco? O que há de errado comigo?" A partir de então, a dor da ruptura amorosa se encontra literalmente incorporada a uma meditação mórbida sobre nossa própria incapacidade para enfrentar nossas dores da vida, a passagem do tempo que quebra e que, implacavelmente, separa os amantes de um momento... Assim, elevado para sempre a uma escala filosófica, nosso sofrimento adquire uma dimensão tal que toda vontade de reduzi-lo a uma causa circunstanciada se encontra irremediavelmente impedida!

A causa real do desespero não é o que o provoca

Com certeza, essa generalização sempre parecerá abusiva e delirante se considerarmos que a causa real do desespero é o que o provoca: uma ruptura, uma doença, um luto, um fracasso profissional, uma fadiga, uma fragilidade emocional etc. Nesse caso, seria imperativamente necessário encontrar uma razão para esse delírio, sob a forma de mecanismos psíquicos inconscientes que produzem o desespero, sem que o indivíduo tenha algo a ver com ele. Longe de ser responsável pelo seu desespero, este seria no máximo sua vítima involuntária.

Ora, é essa maneira habitual de tratar o desespero que Kierkegaard critica. Segundo ele, nada nos autoriza a julgar o automenosprezo como um pensamento delirante que precisaria ser explicado por processos ocultos. Com efeito, é perfeitamente possível que todas as circunstâncias que produzem nosso desespero sejam menos *razões* de desesperar que *ocasiões* de desesperar. Com certeza elas fazem explodir o desespero, mas nada indica que o originem. Se nos consultamos por uma dor de barriga, talvez o médico diagnostique uma apendicite. Sem essa dor, é claro que jamais nos teríamos consultado. Ainda assim, a inflamação havia começado antes, bem antes de chamar nossa atenção. Uma dor que se declara pode, então, estar ali há muito tempo, bem antes de lhe darmos a ocasião de se manifestar. O mesmo vale para o desespero:

> "Se uma pessoa, com efeito, cuja boa saúde ele atestou em um determinado momento, em seguida adoece, o médico tem o direito de afirmar que antes ela estava bem e que agora está doente. O mesmo não se passa com o desespero. Sua aparição já mostra sua pré-existência". (*Traité du désespoir*, p. 365).

Imaginemos um homem que se desespera porque não obteve a promoção tão desejada. Ao contrário do que poderia pensar, seu desespero não se deve a esse fracasso profissional. Na realidade, sua decepção só assume a aparência de um desespero porque ele atribuía a essa ambição um papel que ela não tem para a maioria das pessoas: o de reconciliá-lo consigo mesmo. Ou seja: ela justificava aos seus olhos sua própria existência ao lhe provar que sua vida não teria sido um fracasso se ele tivesse encontrado o meio de "fazer carreira". Em suma, em vez de querer explicar seu desespero por esse fracasso, seria melhor que se perguntasse por que se deixa abalar tão violentamente por ele. Não seria por que já se desesperava de si mesmo e que esperava, então, de seus sucessos a permissão para se amar um pouco mais? Mas não conseguiu, e seu fracasso o reconduz à sua insatisfação primeira. Não é, pois, sua decepção que explica seu desespero, mas o inverso: ele só está decepcionado porque já se desesperava.

> "Assim, quando o ambicioso que diz 'ser César ou nada' não consegue ser César, ele então se desespera. Mas isso tem outro sentido, é por não ter se tornado César que ele não suporta mais ser ele mesmo. Não é, então, por não ter se tornado César que no fundo ele se desespera, mas desse eu que não se tornou. Esse mesmo eu que, de outro modo, o teria alegrado [...] retorna agora mais insuportável que tudo." (*Traité du désespoir*, p. 358).

Por conseguinte, quando nos desesperamos, não nos baseamos, como acreditáramos, em um caso singular do qual tiraríamos abusivamente uma lei geral. Se fosse o caso, nossos conhecidos teriam razão de querer que fôssemos mais comedidos dizendo-nos: "Não, não... você está exagerando!" Na realidade, quando afirmamos peremptoriamente "Nunca conseguirei", expressamos um sentimento de impotência diante de uma identidade da qual não podemos dispor ao nosso bel-prazer. Se fracassamos miseravelmente em seduzir uma pessoa em uma festa e que nos desesperamos de nunca o conseguir, é porque esse fracasso se tornou o símbolo de uma identidade insuportável da qual não podemos desfazer-nos e com a qual nossa liberdade está perpetuamente destinada a tropeçar. Nele, vemos mais um testemunho de nossa insuficiência congênita, e é somente então que ele se torna algo desesperante. O fracasso que serve de ponto de partida ao nosso desespero não é, portanto, sua causa. Não é, em realidade, aquilo sobre o qual construímos a constatação de nossa "irrecuperável nulidade".

O desespero nem sempre precisa de uma causa

Aliás, jamais podemos decidir de antemão o que causará nosso desespero. Por vezes, não é nada ou quase nada, uma ocasião ridícula, uma bagatela. E pode até ser que nos desesperemos sem, no entanto, poder identificar o gatilho:

> "Vejamos agora por que eles se desesperam; porque descobriram ser efêmera a base de sua vida. Mas será uma razão para desesperar? Será que a base de sua vida sofreu uma modificação essencial? Será uma modificação essencial daquilo que é efêmero, ou não será, ao contrário, algo de fortuito e de não essencial se ele não se mostrar assim? Não aconteceu nada de novo que possa justificar uma modificação. Por conseguinte, se eles se desesperam, isso deve vir de um desespero anterior. A diferença é que eles não o sabiam, ainda assim é uma diferença fortuita." (*Ou bien... Ou bien...*p. 490)

Em 17 de novembro de 1958, quando acabara de noivar, o matemático japonês Yutaka Taniyama dava brutalmente fim aos seus dias. Em sua escrivaninha, ele deixara uma carta que nada explicava e deixava seus próximos em um estado de estupefação: "Quanto à causa de meu suicídio, nem eu mesmo a compreendo muito bem, mas ela não resulta de um incidente ou de um problema particular. Posso simplesmente dizer que perdi confiança em meu futuro". Como é possível se suicidar, assim, sem uma causa aparente? Não é a prova de que nenhuma das razões circunstanciadas que damos ao desespero basta para explicá-lo plenamente? Não importa a causa dada, ele sempre parece demasiado local para explicar um desmoronamento tão completo.

Depressão ou desespero?

Kierkegaard nos convida então a uma inversão de perspectiva que nos força a mudar radicalmente nossa maneira de pensar: supor que nosso desespero seria necessariamente a marca de um estado depressivo significa caucionar implicitamente a ideia de que apenas um estado patológico poderia justificar que um indivíduo acabe odiando a si mesmo. Significa dizer que um indivíduo "são" seria então rigorosamente incapaz disso? Freud, em seu tempo, já havia adotado essa visão redutora, ao fazer do "automenosprezo" um dos sintomas mais evidentes da "melancolia", esse antigo nome da depressão:

> "O melancólico apresenta um traço que está ausente no luto, a saber, uma diminuição extraordinária de seu sentimento de autoestima, um imenso empobrecimento do eu. No luto o mundo tornou-se pobre e vazio, na melancolia é o próprio eu. O doente nos descreve seu eu como sem valor, incapaz de qualquer coisa e moralmente condenável: ele se recrimina, se injuria e espera ser jogado fora e punido. Rebaixa-se diante de cada um, lamenta que cada um dos seus esteja ligado a uma pessoa tão indigna quanto ele. [...] O quadro desse delírio de pequenez – principalmente no plano moral – se completa com uma insônia, com uma recusa de alimento e, fato psicologicamente muito notável, com a derrota da pulsão que obriga todo ser vivo a se agarrar à vida." (Freud, "Deuil et mélancolie", *Métapsychologie*, Gallimard, 1968)[4]

Essa maneira de tratar o desespero como um sintoma seria, então, legítima? Observemos logo que, do ponto de vista de sua tonalidade afetiva, desespero e depressão se distinguem nitidamente: a veemência do desesperado contrasta vivamente com a fadiga e o abatimento geral do depressivo. O desesperado tem, como corretamente se diz, "a energia do desespero". Ora, essa energia o depressivo não a tem mais; sente-se como um pneu vazio.

Além disso, a depressão vem de fatores perfeitamente objetivos (físicos ou psíquicos) que não requerem a intervenção da vida subjetiva do espírito, isto é, essa propriedade que temos de nos referir a nós mesmos *de maneira consciente*. É claro que um psicanalista saberá também escutar as queixas de seu paciente, será muito atento à maneira subjetiva como este último vive e relata sua depressão. Mas precisa desse discurso somente para revelar

---

4 Retomado in *Mélancolies: de l'Antiquité au XXe siècle*, sob a direção de Yves Hersant, Robert Laffont, 2005, p. 762.

processos psíquicos que explicam seu sofrimento e que afetam o indivíduo a contragosto. Em outras palavras, esse discurso não é uma causa, mas apenas um sintoma a ser decifrado, com método e destreza.

Mas, se você aplicar tal método ao desespero, arrisca-se a fazer desaparecer o que ele tem de singular. Ao contrário da depressão, o desespero reside integralmente na maneira como o indivíduo se relaciona consigo mesmo. Não há outra causa do desespero que esse movimento consciente pelo qual um indivíduo se apodera de si mesmo dirigindo contra si um julgamento definitivo. Quando estamos desesperados, não sofremos de depressão, mas sofremos sim daquilo que somos, sofremos desse olhar impiedoso que dirigimos a nós mesmos.

Essa precisão, com certeza, não nos autoriza a afirmar que não haveria nenhum vínculo entre o desespero e a depressão. Se a depressão não é a causa de nosso desespero, é certamente verdade que um acesso de desespero propicia a aparição de uma depressão. Nesse sentido, a depressão se situa "para além" de nosso desespero. Um desespero que se prolonga deposita inevitavelmente em sua passagem a espuma orgânica da depressão. Temos "acessos" de desespero, mas dificilmente este pode tornar-se um "estado" real. Ele é demasiado intenso para se dar ao luxo de durar por muito tempo. Um desespero que dura tende inevitavelmente a se modificar em algo diferente, em um "estado" depressivo em que o ódio de si dá pouco a pouco lugar ao que poderíamos nomear, retomando o título de uma obra do sociólogo Alain Ehrenberg, a "fadiga de ser si mesmo":

> "Não tenho vontade de nada. Não tenho vontade de andar a cavalo, o movimento é violento demais; não tenho vontade de andar, é cansativo demais; nem de me deitar, pois, ou devo permanecer deitado e não tenho vontade, ou devo me levantar novamente e também não tenho muita vontade de fazê-lo. *Summa summarum*: não tenho vontade de nada". (*Ou bien... Ou bien...*, p. 17-18)

Nenhum desespero é, pois, duradouro. Mas por meio dele se revela uma disposição para desesperar que é, em definitivo, a única causa verdadeira de sua aparição. Uma disposição neste caso bem mais duradoura que essas raras passagens de intenso sofrimento que traem de maneira espetacular e vez por outra sua presença. Ora, do que essa disposição se alimenta, se não de uma impotência crônica de sermos plenamente nós mesmos? No fundo, aqui reside o núcleo em torno do qual gravita todo desespero e para o qual, invariável e obstinadamente, ele nos reconduz.

Questões vitais

1. Com certeza, você já sentiu um estado de depressão. Estava rabugento(a), talvez cansado(a), propenso(a) ao "saco cheio". Mas tal estado nunca o(a) levou a desesperar de si mesmo(a)? Encontrava nessa tristeza algo com o que alimentar o sentimento de que sua existência não tinha sentido algum?

2. Talvez também tenha conhecido estados depressivos, pelos quais teve acompanhamento e cuidados médicos. Você se lembra do que desencadeou essa depressão? Certamente foi um evento marcante que o(a) afetou particularmente. Mas por que e, sobretudo, em que ele o(a) afetou? O que ele provocou para colocá-lo(a) no caminho da depressão?

Você teria chegado a tal estado se esse evento não tivesse corroído singularmente a confiança que tem em si mesmo(a)? No fundo, para além do que pôde provocá-la, sua depressão não ocorreu por um profundo menosprezo, isto é, por um desespero que a precedeu no tempo?

3. Se sua filha de 16 anos se desespera por uma mágoa amorosa, talvez você acabe não levando as coisas tão a sério. Para você, essa bobagem não é grave a ponto de justificar uma reação tão veemente que, portanto, não pode ser um real desespero. "Não se pode desesperar por coisas tão bobas!", você pensa. Mas talvez se engane ao pensar assim? A causa pode ser benigna e o desespero, bastante real.

A tendência a desesperar pode apoderar-se de qualquer causa, mesmo da mais trivial. Isso em nada altera a real gravidade do estado, ainda que ele pareça surgir do nada.

4. Depois de uma ruptura, você percebeu como a raiva – legítima ou não – impediu que afundasse psicologicamente? Na ausência dessa raiva, o que teria acontecido segundo você? Incapaz de dirigir contra o outro suas queixas, não se sentiria tentado(a) a ir contra si mesmo(a): "No fundo, a culpa é minha. Como ele(a)

poderia me amar? Não sou nada, não valho nada..." Se os divórcios costumam produzir acalorados acertos de contas, não seria porque cada um procura freneticamente desviar para o outro um ressentimento cuja tendência natural é aplicar a si mesmo em primeiro lugar?

A ilusão da felicidade

Se o desespero se alimenta de uma impotência de ser si mesmo, então ele parece depender menos do campo de competência da medicina que do da filosofia ou de uma psicologia do bem-estar. Nessas condições, o objetivo seria, para escapar do desespero, aprender a ser plenamente si mesmo. Com uma gestão apropriada de si, como se acredita, tudo seria melhor! Por mais sedutora que possa parecer, essa concepção otimista diz respeito, entretanto, a outra forma de ilusão.

A crença no infortúnio

Na tragédia antiga, o indivíduo vergava sob uma dor que era sobretudo um golpe do destino. Assim, o sofrimento de um homem era sempre imputável aos seus infortúnios. A palavra "infortúnio" se mantém aliás fiel à memória dessa concepção otimista da vida, uma vez que ela significa "má sorte". Por que "otimista"? Porque pouco importava, no fundo, que muitos infortúnios se abatam sobre nossos ombros. A quantidade não fazia a menor diferença. O sofrimento era assimilado ao infortúnio, isto é, aos acidentes de percurso, fundamentalmente exteriores ao indivíduo. Essa visão trágica da existência podia, assim, parecer pessimista por sua maneira de filiar o indivíduo a um contínuo sofrimento. Mas ao atribuir esse sofrimento a um infortúnio, isto é, aos funestos eventos que lhe acontecem, ela certificava que esse sofrimento não tinha seu fundamento no indivíduo. Todo sofrimento era o efeito de um destino contrário, cuja chegada inesperada devia em princípio explicar por que um indivíduo não conseguia ser feliz.

O sofrimento dependia, então, de um fato objetivo: a morte de um ente querido, a guerra, a peste, a cólera dos deuses etc.

> "O infortúnio é como um momento difícil no caminho do homem imediato; ele está dentro, mas sua concepção da vida exige essencialmente que ele não deixe de se representar que isso será temporário, porque isso lhe é heterogêneo". (*Post-scriptum aux Miettes philosophiques*, p. 299)

Ainda hoje, temos uma tendência natural a assumir esse ponto de vista: assim que sofremos, buscamos espontaneamente identificar uma causa exterior aos nossos sofrimentos. Em vez de assumir a responsabilidade por esse sofrimento, preferimos atribuir esse fracasso a uma circunstância estranha. Desde então, logicamente, imaginamos que, ao modificar esse parâmetro objetivo, tudo então entrará nos eixos. Assim, aquele que não é feliz em seu casamento pode imaginar que seu sofrimento vem do fato de ter escolhido a pessoa errada. Ao mudar de companheira, ele também reatará com a felicidade. E do mesmo modo a criança que fracassa na escola acusará seu professor. Com outro professor, ela teria ido melhor. Não é de todo falso, no mais. Tal concepção, no entanto, permanece incapaz de dar conta de todos nossos sofrimentos. Ela não permite, por exemplo, explicar sofrimentos que dever-se-iam a motivos meramente subjetivos, sem qualquer relação com a chegada inesperada de algum evento infortuno. Não acontece de uma pessoa ter tudo para ser feliz... sem que, no entanto, consiga sê-lo? Ao que devemos, então, atribuir seu sofrimento a não ser a fatores internos?

Hoje, sabemos bem que nem todos nossos sofrimentos se devem a causas exteriores. Desse ponto de vista, já estamos um tanto livres da concepção antiga. Mas ainda não estamos de todo livres dela: embora estejamos bastante dispostos a admitir que um sofrimento pode ter sua origem no próprio indivíduo, ainda nos é muito difícil vê-lo como algo diferente de um acidente, isto é, algo de fundamentalmente "heterogêneo". O que é heterogêneo não é necessariamente "exterior". Por exemplo, uma doença não ocorre só por causas exteriores, como um vírus que teríamos pego.

Pode ser uma malformação genética, que tem então sua origem no próprio indivíduo. Assim, é comum admitir a existência de certos "terrenos" que nos predispõem a contrair patologias contra as quais outras pessoas podem estar imunizadas. Ainda nesses casos, o sofrimento não deixa de representar aos nossos olhos uma espécie de infortúnio. Com certeza ele não é mais necessariamente algo que cai sobre nós do exterior, mas de todo modo ainda é algo que suportamos com passividade. Em outras palavras: continuamos a pensar que, embora o sofrimento se origine em nós, ele não vem realmente de nós. Se sofremos, como se acredita, é porque deve haver em alguma parte uma anomalia que nos impede de estar em nosso estado normal. Se uma pessoa que tem tudo para ser feliz não consegue encontrar a felicidade, pensamos que é porque há um problema nela. Só resta identificar esse problema a fim de trazer uma solução que remediará seu sofrimento.

Aderimos então, espontaneamente, a uma concepção otimista da vida que nos leva a pensar que o sofrimento seria sempre em nós o sintoma de uma desordem: se sofremos, é porque alguma coisa, em nós ou exterior a nós, não vai bem; é porque há uma situação anormal que exige o recurso a um tratamento eficaz. Essa adesão é tão natural que nem sequer nos passaria pela cabeça questioná-la! Você mesmo, ao abrir este livro, não esperava encontrar a explicação para o que "não vai bem" em nós quando estamos desesperados? O correlato dessa crença é evidentemente que haveria no ser humano, de acordo com a correta expressão de Rimbaud, uma "fatalidade de felicidade": já que nosso sofrimento sempre se deve a uma anomalia, a uma disfunção, a conclusão lógica é que somente essa anomalia nos impede em princípio de sermos felizes!

A concepção eudemonista: a felicidade como bem supremo

Cada um de nós estaria então naturalmente destinado à felicidade. Que não é fácil chegar lá, e até mesmo raro, de maneira alguma afeta nossa certeza de sermos humanamente talhados para ela. Toda a dificuldade repousa então nesta questão: como conseguir ser feliz?, e não na de saber se estamos realmente fadados a sê-lo.

Chamamos eudemonistas todas as teorias filosóficas que fazem da felicidade o objetivo da existência. Como sempre, também essas teorias encontram seu ponto de partida na Antiguidade grega. Platão, Aristóteles, Epicuro e os estoicos eram todos filósofos eudemonistas. Eles seguiam o fio condutor da felicidade e buscavam o meio de chegar até ela nas melhores condições. Mais perto de nós, Espinosa e Nietzsche também são filósofos eudemonistas.

A concepção eudemonista apoia-se na convicção de que cada um de nós estaria naturalmente destinado à felicidade. Se não somos felizes é porque algo, em algum lugar, não vai bem. Em outras palavras, algo nos impede de cumprir nossa natureza, de sermos plenamente nós mesmos. Sem esse impedimento, poderíamos nos tornar felizes realizando aquilo para o que somos feitos. Por exemplo, em Aristóteles, a virtude designa uma excelência que permite a todo ser humano se tornar o que ele é virtualmente. Uma faca é feita para cortar; ela realiza então sua natureza quando corta com excelência. Da mesma forma, um tocador de cítara tem como vocação se realizar em sua arte. Desse ponto de vista, somos muitas vezes espontaneamente aristotélicos, por exemplo, quando nos perguntamos qual caminho deveríamos seguir na vida para nos realizarmos plenamente: qual é o meu caminho? Quais são meus talentos? Onde se esconde, pois, minha excelência? Também podemos nos mostrar espinosistas e buscar na afirmação de uma alegria de viver o caminho que leva à plena e total autorrealização. Como as "paixões tristes" (tristeza, raiva, rancor etc.) diminuem nossa potência de viver, pensamos que é necessário, portanto, aprender a combatê-las a fim de reatar com a generosa tendência que conduz nossa existência. De um autor para outro, os métodos podem variar, os diagnósticos diferir, mas o essencial continua sendo a convicção partilhada por todos de uma natureza humana fundamentalmente bem-disposta que será preciso encontrar aprendendo a ser plenamente o que que somos.

Basta uma rápida olhada nas prateleiras das livrarias, especialmente nas várias obras consagradas ao desenvolvimento pessoal, para perceber o quão profundamente essa visão permanece arraigada em nós. É bastante comum ouvir ao nosso redor os discursos de especialistas que, ao longo do dia, nos recomendam realizar nosso "eu profundo", procurar o "look" que nos corresponde intimamente, o "job" que nos permitiria desabrochar nosso potencial. Como podemos ver: o objetivo final é sempre aprender a coincidir consigo mesmo. E, para tanto, somos aconselhados a ouvir nossas sensações, a encontrar a voz oculta de nossos desejos inconscientes, a descobrir nossas singularidades e nossos talentos ocultos para melhor explorá-los e ter sucesso na vida... Ser você mesmo se torna uma nova evidência, quase um imperativo moral: *"Be yourself!"*.

A estética: torne-se o que você é!

Quando evoca essa potente corrente de pensamento, Kierkegaard não utiliza, no entanto, o termo "eudemonismo". Ele prefere o de "estética":

> "A estética em um homem, o que é [...]? A isso eu responderia: a estética em um homem é aquilo pelo que ele é imediatamente o que ele é." (*Ou bien... Ou bien...*, p. 480)

Essa mudança de designação não é o efeito de uma mera arbitrariedade de linguagem. Kierkegaard tem suas razões para preferir o termo estética. De fato, originalmente, essa palavra não remete, como hoje, a uma teoria da arte. Ela designa, ao contrário, o campo da sensibilidade, ou seja, o que ocorre em nós imediatamente, espontaneamente, antes de qualquer reflexão. Assim, o indivíduo estético é, por definição, aquele que vive sob o regime da imediatez. O uso desse termo já é por si só uma maneira, para

Kierkegaard, de apontar o limite de qualquer visão eudemonista. A saber? A de ignorar que não somos apenas seres sensíveis, engajados em uma relação imediata com os outros e com nós mesmos, mas que somos também – e talvez sobretudo – seres reflexivos, capazes de um retorno crítico sobre nós mesmos.

Vamos dar um exemplo para ilustrar esse ponto. Imaginemos o caso de um homem que, partindo em busca de si mesmo a fim de se realizar plenamente, descobrisse nele a presença de certas qualidades notáveis:

> "O indivíduo estético se olha em sua concreção[5] e distingue então *inter* e *inter*. Ele vê o que lhe pertence acidentalmente e o que lhe é essencial. Mas essa distinção é demasiado relativa. [...] Um homem que olha a si mesmo esteticamente talvez distinga assim. Ele diz: tenho talento para a pintura; vejo isso como uma coisa fortuita; mas tenho inteligência e sagacidade; vejo isso como o essencial que não pode ser retirado de mim sem que eu me torne outro. Ao que eu responderia: toda essa distinção é uma ilusão. (*Ou bien... Ou bien...*, p. 540)

Por que essa distinção é uma ilusão? Porque, assim que estabelecemos uma relação reflexiva com nós mesmos, dizendo-nos por exemplo "Veja, tenho esse talento!", nós não nos contentamos simplesmente em reconhecer o que somos. Ao mesmo tempo, e mesmo sem poder evitá-lo, também nos distanciamos dessa identidade assumida. Aqui se passa exatamente o mesmo que quando você se olha no espelho: ocorre então uma espécie de desdobramento. Você é ao mesmo tempo esse objeto que está olhando (a imagem em seu espelho, com a qual se identifica naturalmente) e o sujeito que a está olhando. O espelho o "reflete". Da mesma forma, quando mostra "reflexão", você se torna o espelho de si mesmo. Você não se contenta em simplesmente viver, você se olha vivendo, como se estivesse ao mesmo tempo na posição de ator e de observador. Passamos muito tempo agindo, é verdade; mas, em geral, passamos ainda mais tempo olhando e comentan-

---

5 Em sua existência concreta, material.

do nossas próprias ações! Essa característica é bastante central. Dessa faculdade de se relacionar reflexivamente com nós mesmos depende, de fato, nossa aptidão para ser, no sentido estrito do termo, pessoas ou, como diz Kierkegaard, espíritos:

> "O homem é espírito. Mas o que é o espírito? É o eu. Mas o que é o eu? O eu é uma relação se relacionando consigo mesma, ou seja, ele é na relação a orientação interior dessa relação; o eu não é a relação, mas o voltar-se sobre si mesma da relação." (*Traité du désespoir*, p. 351)

Então, como poderíamos alimentar a esperança de sermos plenamente nós mesmos? O desenvolvimento estético, escreve Kierkegaard, é "um desenvolvimento como o da planta e, embora o indivíduo se torne, ele se torna o que é imediatamente".[6] A imagem é eloquente: tornar-se si mesmo, cumprir sua natureza, cultivar seu potencial, pouco importa a expressão escolhida, é sempre fazer o mesmo que uma planta. Porque a árvore já está presente na semente, desde o início. Essa semente é feita para se tornar uma árvore e se tornará se a ajudarmos ou se, pelo menos, não a impedirmos. E nós, como poderíamos nos comparar seriamente a uma planta? Quando me digo, ainda que com uma imensa fé, "Veja, tenho este talento!", não percebo que a possibilidade que me é oferecida de reconhecer esse talento em mim falseia toda a comparação. Como eu poderia fazer para distinguir, entre meus talentos, aqueles que devo considerar como essenciais e aqueles que posso considerar como fortuitos e, portanto, acessórios? Vamos supor que eu diga a mim mesmo: "Posso desistir do meu talento para pintar sem ter o sentimento de me perder. Por outro lado, meu talento para a filosofia é uma capacidade essencial que devo explorar, porque é aí que reside minha natureza". Eu me tornaria então "mais eu mesmo" seguindo esse caminho? E se tivesse desistido? Teria então sido "menos eu"?

---

6 *Ou bien... Ou bien...*, p. 414.

Esta afirmação parece um tanto capenga. Aqui está um homem que acredita ter malogrado sua vida porque não escolheu a carreira com a qual sonhava. A mulher com quem se casou se revelou, depois de alguns anos, a metade errada da laranja. Fiascos bem comuns. Mas o julgamento que devemos fazer em tais situações não deixa de ser bastante delicado. Deveríamos considerar que esse homem não foi plenamente ele mesmo, por não ter respeitado sua natureza profunda? Mas, por outro lado, não é verdade também que, com todas essas "mentiras", esse homem nunca deixou de ser plenamente ele mesmo? Todos esses maus papéis que decidiu assumir, quem os interpretou, a não ser ele? Foi ele, não outra pessoa, que abraçou livremente essa carreira! Foi também ele, não outro, que se casou! Que direito tem agora de afirmar: "Tudo isso não era verdadeiramente eu"? Por que o que ele prometia ser o qualifica mais para carregar sua identidade do que aquilo que ele escolheu se tornar? Como podemos ver, nossa identidade pessoal permanece atravessada por uma terrível dualidade, que torna impossível para qualquer pessoa uma resposta unívoca e serena à pergunta: "Quem sou eu?"

O desespero não é um infortúnio

Essa constatação deveria nos levar a aceitar com tranquilidade a ideia de que não estamos necessariamente destinados à felicidade. A ambição de reatar com uma natureza harmoniosa, condição indispensável para conjurar em si um sofrimento forçosamente motivado por um desregramento, depende tanto de um desejo piedoso quanto de um sério desconhecimento do indivíduo. Em suma, não há mais lucidez na consciência desesperada de uma impotência para ser si mesmo que na aparente boa saúde daquele que pretende ter resolvido seus problemas de identidade afirmando a quem quiser ouvi-lo que ele enfim se "encontrou" ou se "reencontrou"?

Sendo assim, não temos mais razão alguma para ver no desespero uma anomalia da qual "normalmente" deveríamos ser capazes de nos curar, como nos recuperamos de um mau momento. Quanto à normalidade, nossa aptidão para experimentar estados de desespero com certeza mostra uma disposição muito mais saudável que a inaptidão para o ser. De fato, longe de ser uma anomalia, a tendência ao desespero é, para Kierkegaard, a tradução de um mal-estar existencial do qual só podemos nos considerar de todo isentos à custa de uma evidente ignorância e pelo tempo que as circunstâncias não nos obriguem a um doloroso trabalho reflexivo:

> "Toda a vida terrena é uma espécie de mal-estar. Se alguém perguntar a razão para isso, primeiro pergunta-se a ele como organizou sua vida; assim que o disser, responde-se: "aí está a razão". Se outro perguntar a razão, age-se da mesma forma e, quando disser o contrário, responde-se: "eis a razão" – e vai-se embora com ares importantes, como se tivesse explicado tudo, até dobrar a esquina, e então sai correndo e desaparece. Ainda que me dessem dez moedas de prata, eu não assumiria a responsabilidade de resolver o enigma da existência." (*Post-scriptum aux Miettes philosophiques*, p. 30)

Questões vitais

1. Que ideia você tem do sofrimento? Desagradável ou insuportável, é evidente que devemos tentar escapar dele. Ainda assim, ele parece um fenômeno puramente negativo que o(a) impede de ser plenamente você mesmo(a)? Não foi em alguns desses sofrimentos, no entanto, que você teve ao contrário o sentimento de ser plenamente você mesmo(a) e de se reencontrar como nunca antes? Já aconteceu de se entregar a esse sofrimento em vez de querer sair dele, permanecendo, por exemplo, deitado(a) horas a fio na escuridão do seu quarto ouvindo canções tristes? Embora esse estado fosse bastante desagradável, você não o alimentou porque nele sua existência pessoal resplandecia de um brilho incomum?

2. Você considera natural se curar de todos os sofrimentos? Não devemos, ao contrário, querer perseverar na dor de certas dilacerações? Como consideraria, por exemplo, o discurso de um pai, que, mesmo passados longos anos do evento, afirmasse não sentir mais nenhuma dor ao se lembrar de seu filho morto? Esse tipo de "cura" lhe pareceria totalmente saudável?

3. Ao ler este capítulo, não teve a impressão de ter sido de alguma forma "enganado(a) sobre a mercadoria"? Se está decepcionado(a), talvez seja porque sem sabê-lo estava prisioneiro(a) de um preconceito estético. Você esperava a descrição de algum mal-estar de sua vida e tinha boas razões para presumir que ele seria rapidamente explicado por um erro de orientação ou por uma ilusão comum. Ao libertá-lo(a) dessa ilusão, este livro teria então ajudado a se livrar desse mal-estar.

Em vez disso, você descobre agora que não há rigorosamente nada que esteja errado. Não apenas seu desespero é natural, como também manifesta uma certa lucidez!

Sob o signo da contradição

Toda nossa vida seria assim "uma espécie de mal-estar". Mas qual seria exatamente esse mal-estar? Se nosso desespero manifesta uma verdade existencial, deveríamos poder nomeá-la. Qual é, pois, essa verdade arrasadora que expõe, a nós todos, aos ataques do desespero? Nela, por meio dela, revela-se com clareza uma contradição que de boa-vontade somos levados a esquecer, mas que ainda assim constitui o horizonte existencial no qual cada homem, por sua dor, está condenado a se mover.

O infinito e o finito

Vimos que, na medida em que nos relacionamos com nós mesmos, não podemos jamais ser simplesmente aquilo que somos. Bem considerada, essa experiência ordinária de uma dualidade assume a forma bem mais radical de uma contradição. Há contradição quando dois enunciados não podem ser verdadeiros ao mesmo tempo. De um ponto de vista lógico, uma contradição é, assim, um verdadeiro contrassenso. É essa absurdidade que torna a contradição insuportável e que nos leva então, quando estamos desesperados, a considerar nossa vida sem sentido algum.

Nenhuma determinação basta para esgotar o sentimento que temos de nós mesmos. Podemos nos imaginar com outro rosto e outra carreira, nos idealizar mais corajosos do que somos, podemos até imaginar o que teria sido nossa vida se tivéssemos vivido em outro lugar e em outro tempo. Nada impede todos esses devaneios sem limites em que nos reinventamos. Temos uma liberdade infinita para nos imaginarmos diferentes do que somos, como se finalmente nada do que somos não nos fosse tão essencial que não pudéssemos nos dessolidarizar dele sem deixar de ser nós mesmos. Se podemos, na imaginação, nos recriar do zero, não é essa a prova de que não nos sentimos inteiramente solidários de todas essas coisas que nos constituem? Como designar esse sentimento a não ser como uma impressão de infinidade?

Mas, por outro lado, como Kierkegaard logo observa, esse sentimento de infinidade é continuamente desmentido pela experiência de nosso eu concreto, determinado, particular, com seus dons e seus recursos, suas pulsões e seus desejos particulares. Temos então de admitir que esse rosto, essa carreira, essa falta de coragem, o lugar de nosso nascimento e o sobrenome de nossos pais etc., todo esse ser finito, determinado, circunscrito por nossa gênese e por nossos atos, somos nós mesmos! O que poderia ser um eu desprovido de identidade? Para cada um de nós é então sempre o mesmo eu que se sente infinito e que, no entanto, sente continuamente o peso de sua identidade. Sentindo-se absolutamente livre, cada um de nós não está menos destinado a se reconhecer invariavelmente nessa finitude que nos constitui. Este é o drama de um homem que tivesse perdido o uso das duas pernas. Ele pode negar seu corpo enfermo, pois guarda legitimamente a possibilidade de não se reconhecer nele, de não querer também que os outros o vejam apenas como um enfermo, mas não importa o que faça, a cada minuto de sua vida, ele está condenado a se descobrir dependente desse corpo.

> "O desespero em que se quer ser si mesmo exige a consciência de um eu infinito, que é no fundo apenas a mais abstrata das formas do eu, o mais abstrato de seus possíveis. [...] Com a ajuda dessa forma infinita, o eu quer desesperadamente dispor de si mesmo, ou, criador de si mesmo, fazer do seu eu o eu que quer se tornar, escolher o que admitirá ou não em seu eu concreto. Pois este não é uma concreção qualquer, é a sua, ela comporta, com efeito, necessidade, limites, é um determinado preciso, particular, com seus dons, seus recursos etc., oriundo de fatos concretos etc." (*Traité du désespoir*, p. 416)

Daí vem essa impressão de atoleiro, de asfixia, tão característica do desespero: sufocar não é faltar o ar, ou seja, de possível? Quando estamos desesperados, muitas vezes temos a impressão de estarmos emparedados vivos, prisioneiros de uma identidade que nos cola à pele e da qual desejaríamos desesperadamente poder nos dessolidarizar. Seja como for, o eu não encontra nada além do fardo pegajoso de uma coerção que o mantém submisso:

> "Sinto-me como deve sentir-se uma peça de um jogo de xadrez quando o adversário diz: essa peça não pode ser movida." (*Ou bien... Ou bien...*, p. 19)

A eternidade e o tempo

Essa contradição entre infinito e finito não é a única que devemos enfrentar. O exemplo mais claro de um evento que nos mergulha no mais profundo dos desesperos é o do luto. Por trás da dor da perda de um próximo, realizamos de forma brutal que nossa vida tem um fim, que também morreremos, e nosso sentimento de eternidade se parte em mil pedaços. No entanto, sabemos que estamos condenados a envelhecer e depois a morrer um dia. Quando morremos, não é simplesmente nosso corpo que depositamos no túmulo. Morrer, até onde se sabe, é ainda o privilégio de um indivíduo: ainda que acredite na metempsicose[7] ou na ressurreição, tem primeiro de morrer para colher tais benefícios. De todo modo, é o eu que é chamado a morrer, e não apenas nosso corpo.

Não podemos, no entanto, nos impedir de nos sentir eternos. Como poderia ser diferente? É natural que cada um de nós tente se representar sua própria morte. Mas não podemos fazer mais que imaginar o desaparecimento de nosso corpo, sem que nós mesmos nos sintamos minimamente aniquilados. Nós nos vemos mortos da mesma maneira que nos imaginamos projetados em

---

7 A metempsicose é a reencarnação da alma após a morte em um corpo humano, em um animal ou em uma planta.

outros estados nos quais ainda estaríamos perfeitamente vivos. Mesmo o tempo que nos envelhece e nos altera parece incapaz de vencer nosso sentimento de sermos imutáveis: eu com cinco, com trinta, com sessenta anos, é sempre o mesmo eu. Na falta de um termo melhor, devemos então chamar isso de um sentimento de eternidade.

Ora, é o mesmo eu que todas as manhãs diante do espelho observa a aparição de um novo fio de cabelo branco e que, no entanto, continua a se sentir eterno. Há nessa experiência bastante comum e universal a base de uma contradição existencial que não cessa de alimentar o desespero:

> "Quão insignificante e vazia é a vida! Enterramos um homem; o acompanhamos até o túmulo, jogamos três pás de terra sobre ele; chegamos em uma carruagem, retornamos em uma carruagem; pensando que temos uma vida longa pela frente, nos consolamos. Quanto é 7 vezes 10 anos? Por que não acabar com isso de uma vez por todas?" (*Ou bien... Ou bien...*, p. 27)

O desespero, reflexo fiel de nossas contradições

E tem mais! O desespero não se resume só a essas duas formas. Pois, segundo o ponto de vista adotado, uma contradição se revela de forma diferente aos nossos olhos. Quando estamos desesperados, podemos ter a impressão de sufocar diante da finitude e, logo depois, nos sentirmos totalmente perdidos, angustiados diante da infinidade dos possíveis. Como, por exemplo, aquele que pelo desemprego ou pela aposentadoria prematura foi condenado a ocupar suas horas sem compromisso algum. Sua vida não lhe parece mais regida por nenhuma necessidade: não precisa mais acionar o despertador, preparar reuniões etc. Essa situação o faz sentir toda a angústia de um ser que, de tanto se sentir infinitamente livre, não se sente mais agarrado a nenhuma identidade:

> "Para que posso servir? Para nada ou para qualquer coisa. É uma habilidade rara; mas será apreciada? Será realmente

possível contratar jovens que procuram uma ocupação 'como empregada doméstica' ou na impossibilidade: 'para fazer qualquer coisa'?" (*Ou bien... Ou bien...*, p. 23)

Da mesma forma, ao desesperado sem eternidade corresponde aquele atormentado por um eterno presente. Para uma pessoa traumatizada, por uma agressão por exemplo, o tempo assume de súbito ares de perpétua repetição. O que a desespera não é a passagem do tempo, mas a consciência de uma eternidade que a manteria presa ao seu trauma, como Prometeu ao seu rochedo, até o fim dos tempos:

> "Quando penso naquele infeliz contador que perdeu o espírito pelo desespero – ele arruinara uma casa de comércio ao calcular, em seus relatórios, que 7 mais 6 eram 14; quando o imagino, dia após dia indiferente a qualquer outra coisa, repetindo para si mesmo: 7 mais 6 = 14, tenho então uma imagem da eternidade." (*Ou bien... Ou bien...*, p. 28)

Claro que estas são apenas impressões subjetivas. Podemos muito bem sorrir com a evocação desses "possíveis infinitos" ou desse "eterno presente" que parecem tanto nos agitar quando estamos desesperados. Nenhuma situação parece justificar o uso de um vocabulário tão excessivo. Mas isso não significa que tal discurso não tenha nenhuma razão de ser, nem nenhuma validade. Esse jogo dialético do infinito e do finito, do tempo e da eternidade, é notável em sua maneira de organizar tão rigorosamente as diversas manifestações do desespero, não importando o ponto que lhe serviu de partida. Isso atesta que o desespero atualiza um registro que nada tem de acidental, uma vez que traduz precisamente a experiência desarmônica que cada um de nós faz de si mesmo... embora nem sempre tenhamos consciência disso.

Em suma, o desesperado não é um doente! Ou, pelo menos, seu desespero não é sua doença. O sentimento de sufocar, o de estar completamente perdido, a impressão de ver o tempo escorrer loucamente entre os dedos e de que a vida, nossa vida, afinal, não tem sentido, tudo isso não é nem o sinal de um pessimismo exagerado nem o de uma patologia incurável. Querer obstinadamente tratar o desespero como um delírio atribuível a uma desagradável depressão, estar convencido de que um estado "normal" é necessariamente um estado em que nos sentimos bem com nós mesmos esconde o verdadeiro mal: nossa incapacidade para assumir de fato nossa condição de indivíduos.

Questões vitais

1. Você já observou como nosso discurso quando estamos muito mal é relativamente comum? As razões para desesperar podem ser muito diferentes, mas nossa maneira de desesperar permanece quase constante e a expressão de nosso mal-estar sempre se resume aos mesmos refrãos: "Estou sufocando!", "Tenho a impressão de estar me afogando", "Não sei mais o que fazer", "O tempo passa rápido demais", "Nada mudará" etc.

2. Se você tem o sentimento de que sua vida se tornou sufocante, pare por um momento e procure explicar a si mesmo de onde vem esse sentimento. Uma vida familiar que o solicita o tempo todo? Obrigações de trabalho que quase não o deixam respirar?

A impressão de não ter tempo para si mesmo? Ou seria tudo isso ao mesmo tempo, uma vaga impressão de sufocamento que abarca toda a existência e nada em particular? Nossa sugestão é que saia e dedique um pouco de tempo só para você, o libertamos provisoriamente de suas inúmeras obrigações, mas esses comoventes cuidados não o impedem de encontrar em toda parte, não importa aonde vá, novas obrigações: os amigos para os quais é preciso telefonar, o caminho que é preciso percorrer para encontrá-los, os esforços necessários para ser uma boa companhia etc.

3. Relembre dos instantes felizes de sua vida. Quando seus filhos, ainda bem pequenos, vinham se aninhar em você, ou daquele primeiro abraço em quem que você ama e que o encheu de felicidade. Com certeza você sente certa nostalgia.

Essa lembrança é agradável em si mesma porque o faz reviver momentos passados. Mas também traz uma espécie de vazio na alma que procede da consciência de que de todo modo esses momentos ficaram para trás: "Como o tempo passa!" Essa dolorosa constatação não vale somente para a lembrança na qual você está pensando. Estende-se aos amigos perdidos, às rugas que surgem, aos cabelos que caem, às ocasiões perdidas etc.

Esta pequena pontada no coração não tem, é claro, a intensidade de um desespero. Mas, entre os dois, não passa de uma diferença de intensidade, que procede apenas do fato de você não permanecer tempo demais nessa constatação desagradável: "Como o tempo passa!... O que tem na televisão esta noite?"

II

As chaves para compreender

O esquecimento da paixão

O desespero traduz, portanto, uma profunda verdade existencial. A arte não se engana sobre isso, pois manifesta desde sempre uma notável predileção pelos estados melancólicos, como se o desespero desse a uma pessoa a capacidade de se abstrair por um tempo dos detalhes singulares de sua existência para considerar as coisas de um ponto de vista mais global. Quando estamos desesperados e fazemos nosso próprio processo, é a própria existência que consideramos.

Assumir nossa individualidade não é uma tarefa fácil, uma vez que isso significa viver lucidamente sob o signo dessa contradição existencial que o desespero evidencia, nosso conflito entre finito e infinito, tempo e eternidade. Mas só assim nossa vida, em vez de ser superficial, torna-se ao mesmo tempo intensa e profunda. "Viver intensamente", cada um sabe muito bem ao que, implicitamente, isso remete. A linguagem é um bom guia. E viver intensamente é viver plenamente sua vida, sua vida de indivíduo. E viver intensamente é viver "apaixonadamente". Esta equivalência parece ser evidente, mas podemos agora explicá-la: se a paixão mede tão bem a intensidade de nossa existência, é porque ela remete diretamente, por sua definição mesma, à experiência de uma contradição:

"Sempre me perguntei como se podia levar um homem a se apaixonar. Se, disse a mim mesmo, eu o fizesse montar em um cavalo e se então amedrontasse o animal e o jogasse de barriga no chão; ou, para ajudar ainda mais a paixão explodir, se fizesse um homem, que deseja chegar o mais rápido possível a um lugar (e que, portanto, já está um tanto apaixonado), montar em um cavalo que mal consegue andar! E, no entanto, é assim com a existência, se se deve estar consciente dela. Ou se atrelássemos à carruagem de um cocheiro, que de outra forma não pode se apaixonar por nada, um Pégaso e um cavalo velho e lhe disséssemos: conduza agora – então creio que isso funcionaria. Assim é com a existência, se se deve estar consciente dela. A eternidade é como esse cavalo alado infinitamente rápido, a vida aqui embaixo é um cavalo velho, e o homem existente é o cocheiro." (*Post-scriptum aux Miettes philosophiques*, p. 208)

Por que Kierkegaard quer assim suscitar a paixão? Precisamente porque a paixão é a atmosfera que todo indivíduo respira naturalmente logo que assume sua individualidade, logo que carrega sempre consigo o peso de sua contradição. Ao contrário, quanto menos um indivíduo mistura paixão à sua existência, tanto mais tende a se tornar "algo diferente e além". Se o desespero é o mal que devemos vencer, a patologia de que devemos primeiro nos curar é essa propensão natural a não saber mais existir como autênticos indivíduos.

Essa propensão, contudo, não nos convém. Se para cada um de nós se tornou tão difícil acolher a paixão, é sobretudo porque nossa época pouco a encoraja, ou até nos leva a esquecê-la. O fenômeno é tão maciço porque escapa em grande parte à livre decisão dos indivíduos, mesmo daqueles que gostariam de reivindicar uma existência apaixonada. Deve-se a causas conjunturais de grande amplitude que definem o próprio movimento da modernidade, isto é, essa revolução intelectual ocorrida no século XVII e da qual somos os herdeiros diretos. O esquecimento da paixão não é, pois, um simples acidente, o efeito de uma distração pessoal da qual poderíamos facilmente retornar. É ao mesmo tempo pensado e desejado na coerência de um sistema teórico com o qual é solidário e que se impõe a nós com toda a força de uma evidência. Para esperar sair dele, é muito importante entender sua lógica. Aqui está do que se trata:

> "Toda a evolução do mundo tende a colocar a importância absoluta da categoria de individualidade [...]. Mas ainda não avançamos muito na realização concreta, pois o reconhecemos *in abstracto*. É isso que explica a impressão de orgulhosa e altiva presunção que as pessoas têm quando lhe falamos da individualidade. (*Journal*, VIII, A, § 9)

Do ponto de vista da representação, portanto, a modernidade consagrou a vitória triunfal da subjetividade, chamada a fazer valer seus direitos contra tudo o que a nega. Mas do ponto de vista dos bastidores, na realidade: um esforço colossal de abstração, que promove indivíduos tanto mais orgulhosos de sua condição na medida em que deixaram de ser verdadeiramente indivíduos. O homem moderno, filho de seu tempo, é espontaneamente convidado a se comprazer em uma existência fabulosa, sem comparação com o que os homens do passado puderam de fato conhecer de abstração. Os historiadores do pensamento costumam, então, descrever o movimento da modernidade por meio de três características principais.

No campo intelectual, a modernidade corresponde à afirmação do "sujeito pensante". Concebendo-nos como seres de razão, reivindicamos nosso direito de julgar por nós mesmos a verdade e a falsidade, sem nos submetermos a argumentos de autoridade que nos forçariam a acreditar em verdades estabelecidas. "Tenha a coragem de usar seu próprio entendimento!" Esse era o lema que o filósofo Emmanuel Kant atribuía ao Iluminismo. Esse ainda é o nosso lema.

No campo moral e religioso, a modernidade consagra o abandono progressivo de um impulso em direção à beatitude celestial em proveito de uma reapropriação de nossa felicidade terrena. Não cabe mais aos homens conquistar o paraíso, mas a felicidade aqui e agora. A cada indivíduo é então reconhecido o direito de trabalhar pela sua felicidade pessoal, felicidade que se assimila à ambição de levar uma vida próspera e que pouco a pouco consagra o triunfo dos valores de uma "burguesia" dominante.

Por fim, no campo técnico e político, a modernidade coincide com a promoção de um indivíduo inteiramente livre, dono de si mesmo bem como de seu destino. Como "mestre e possuidor da natureza", para usar a expressão de Descartes, ele começa a colocar a natureza à sua inteira disposição. Politicamente, ele também se vê como liberto de qualquer pertencimento a uma comunidade ou a uma linhagem naturais; a única sociedade legítima não sendo mais aos seus olhos que uma livre associação fundada em um contrato jurídico.

A não ser por uma evidente afirmação do indivíduo, o que une essas três evoluções? As figuras do "sujeito pensante", a do "proprietário burguês" e a do "indivíduo soberano" representam os três aspectos complementares de uma modernidade que se encontra em uma comum denúncia da paixão. O sujeito pensante não quer ouvir falar de paixão em nome de um ideal de razão com o qual tenta se conformar. Aos excessos da paixão, é claro que o proprietário burguês prefere seu interesse. Quanto ao indivíduo soberano, ele rejeita a paixão porque ela é a marca de uma passividade da qual, precisamente, ele sonha em se libertar. Ao mesmo tempo, ao renegar a legitimidade de uma existência apaixonada, nossa época promoveu indivíduos condenados a levar uma existência de fantasmas.

O mito do sujeito pensante

A paixão mede a intensidade com a qual aderimos à nossa condição de indivíduo. Para constatá-la, basta observar que jamais podemos estar apaixonados sem sê-lo de corpo e alma, isto é, com tudo o que nos faz um autêntico "eu". Por isso, a paixão nos força a existir como esse eu, "amontoado de carne alvoroçada e de eco de consciência",[8] e não como um sujeito pensante, esse fantasma venerável promovido pela filosofia moderna.

A razão contra a paixão

Hoje a paixão não tem necessariamente boa fama. A prova é que o amor, como diz o adágio, cega. Com efeito, como um homem apaixonado poderia demonstrar lucidez? Para isso, uma razão simples: a paixão obscureceria nosso julgamento porque ela mistura ao nosso pensamento toda a potência tumultuosa de nossos afetos. Uma mãe que ama apaixonadamente seus filhos não consegue, assim, dar sobre eles um julgamento impecavelmente objetivo, pelo simples fato de amá-los demais. E mesmo que o conseguisse, isso nada mudaria: "Sei muito bem que não é um bom rapaz, mas é meu filho e eu o amo!" Um homem que ama apaixonadamente uma mulher é incapaz de ouvir de seus amigos qualquer julgamento objetivo suscetível de prejudicar seu amor. Como não podemos estar apaixonados senão de corpo e alma, parece-nos evidente que as condições de uma reflexão serena e objetiva não se encontram de forma alguma reunidas.

---

8 Tristan Tzara, *L'Homme approximatif.*

E pior: como é uma potência de cegueira, a paixão também teria como efeito nos despossuir de nós mesmos. Os crimes passionais são um bom exemplo. Um indivíduo apaixonado pode, assim, ser levado a cometer um ato que sua razão reprovaria, e, aliás, é bem provável que este fosse o primeiro argumento a ser usado pelo seu advogado: "Ele estava fora de si, tinha perdido a razão". Poderia, então, parecer que nós fazemos nossa individualidade residir nessa faculdade racional que é a razão. Fora dela, não há salvação! Seremos, então, ainda mais nós mesmos quanto mais nos comportarmos como seres autônomos, capazes de agir sob o comando da razão. Ao contrário, um indivíduo que não tem autonomia é um ser alienado, isto é, despossuído de si mesmo seja pela loucura, seja pela menoridade que o obriga a se conformar com a autoridade dos outros, como a criança que precisa do comando de seus pais e ainda não tem os meios de se pertencer, por falta de razão.

É por sua razão, pois, que um indivíduo seria levado a assumir sua individualidade. "Tenha coragem de pensar por si mesmo!", recomenda Kant, para quem devemos afirmar nossa individualidade pela adoção de uma atividade racional, sem a qual seríamos apenas o joguete de nossas emoções e a presa de todos esses tutores benevolentes que sorrateiramente esperam que confiemos neles. Ser nós mesmos significaria ter a coragem de usar nossa própria razão, de não deixar que outros nos ditem o que devemos fazer ou pensar. Ao mesmo tempo, compreendemos a grande suscetibilidade que demonstramos assim que algo ou alguém pretende atacar nossa liberdade de pensar. Pois é dessa liberdade de pensar que nossa dignidade como indivíduo depende acima de tudo! Podemos trancar um indivíduo, determinar que seu corpo resida entre as quatro paredes estreitas de uma cela. Isso é doloroso, mas ainda não fere sua qualidade eminente de indivíduo. Mas o mesmo não acontece se a pretensão for privá-lo de seu pensamento. Pois seu pensamento é ele!

Hoje esse discurso é tão familiar que nos é bem difícil perceber que ele não é de forma alguma evidente e tampouco depende de uma espécie de "bom senso" incontestável. Pelo contrário, ele representa uma opção filosófica forte e historicamente situada.

O pensamento, depositário de nossa individualidade

A ideia de que todo indivíduo deveria esforçar-se para agir racionalmente não é uma ideia nova. Na Antiguidade grega, por exemplo, os filósofos repetiam tanto quanto possível que deveríamos viver sob o governo de nossa razão. Nada mais deplorável, para eles, que um homem levado por seus desejos e cativo de seu bom prazer! Demonstrar, em toda ocasião, discernimento e prudência era, então, a glória do homem sábio, o mantra do filósofo.

Mas os filósofos não iam mais além e não buscavam identificar os indivíduos à sua própria razão. Tinham, ao contrário, consciência de que sua ambição de usar a razão era continuamente contrariada pelos apetites veementes do corpo, do qual se desesperavam de nunca poder desligar-se a fim de viver a vida de um simples espírito. Tinham, então, perfeitamente consciência de existir "alma e corpo", de não ser apenas esse pensamento, mas também esse corpo! Para eles, a dificuldade maior consistia, então, em instaurar as condições saudáveis de uma harmonia entre esses dois aspectos de sua individualidade. Para eles, realizar o indivíduo significava buscar o melhor equilíbrio entre a razão e os desejos, para que caminhem juntos em vez de se oporem.

O que há de radicalmente novo na modernidade é nossa maneira de fazer de nosso pensamento *o único* depositário de nossa individualidade. É então pelo pensamento, e somente por meio dele, que nos sentimos hoje indivíduos. Nosso corpo nos pertence, mas pertence somente "a nós". O que não faz dele, no entanto, uma simples ferramenta, porque ele age sobre nós. Quando nos ferimos, por exemplo, sentimos dor. O ferimento produz então certo efeito em nosso pensamento consciente. Mas isso não nos impede de distinguir de forma clara o que ocorre "em nosso corpo" – o ferimento – e o que ocorre "em nós" – sentir a dor. "Em nós" significa neste caso: em nosso pensamento, a dor residindo em nossa consciência. Tudo se passa como se o indivíduo, você ou eu, não fosse mais um "sujeito que pensa", mas alguma coisa bem diferente: "um sujeito pensante".

O sujeito que pensa é um indivíduo concreto, singular, com seu corpo, suas emoções, suas paixões. O sujeito pensante, ao contrário, é o próprio pensamento, tornado um autêntico sujeito. O sujeito que pensa é um indivíduo que, além de pensar, faz ainda muitas outras coisas: come, bebe, dorme, anda etc. Ele, o sujeito pensante, é um indivíduo que não é outra coisa que seu pensamento. É por meio de seu pensamento, e somente por meio dele, que se sente existir. Essa nova visão explica por que conferimos hoje uma importância tão grande ao fato de pensar por nós mesmos. Pois nos privar de nosso pensamento seria nada mais nada menos que nos privar de nós mesmos.

Nada menos pessoal que um pensamento

Não seria esta uma maneira estranha de promover nossa individualidade? Pois, de tudo o que possuímos, nosso pensamento não é o que tende a ser o menos pessoal? Certo, dizemos que um pensamento é "pessoal" na medida em que procede de *nosso* pensamento, e não do pensamento de um outro. Mas reivindicar assim o uso de nosso pensamento significa apenas que assumimos nossa condição de sujeito pensante, como qualquer outro, ou seja, que simplesmente expressamos que somos capazes de pensar, e não um pensamento realmente pessoal. Ao fazer isso, não somos nada além de um sujeito pensante anônimo.

Por isso, quando exigimos em alto e bom som a liberdade de pensar o que pensamos e de acreditar no que acreditamos, não se deve ver nisso uma pretensão, o sinal de um eu invasor que não conseguiria em definitivo se eclipsar. É bem mais o sinal manifesto de nosso desejo ardente de abrir democraticamente a todos os homens, do aluno menos ignorante ao acadêmico mais esclarecido, do aprendiz mais modesto ao universitário mais instruído, o alegre paraíso do pensamento objetivo. Como se distribuíssemos a todo homem um "certificado de competência" pelo qual o julgamos digno de participar da grande vida anônima da razão:

> "Suprimiram o humano e todo especulador intelectual confunde a si mesmo com a humanidade, com isso ele se torna ao mesmo tempo algo infinitamente grande e nada, confunde-se por distração com a humanidade, tal como a imprensa de oposição diz "nós" e os barqueiros: "o diabo nos carregue". [...] e quando vêm que até o mais reles lojista pode jogar o jogo de ser a humanidade, acabam dando-se conta de que ser pura e simplesmente um ser humano é muito mais que participar de um jogo de salão." (*Post-scriptum aux Miettes philosophiques*, p. 83)

Sujeito pensante e massa anônima

Tornado sujeito pensante, o "eu" que reivindicamos com orgulho assume até mesmo ares de "nós". E é desse "nós" que a modernidade deu politicamente à luz. Promover um indivíduo reduzido a um simples sujeito pensante resultou naturalmente no advento das grandes sociedades de massa que conhecemos hoje. É preciso dar a Kierkegaard o devido reconhecimento: nenhum filósofo se mostrou mais atento que ele à categoria do indivíduo. E, por conseguinte, nenhum autor estava mais bem posicionado para pressentir a ameaça constituída, no início do século XIX, pelo nascimento das grandes massas anônimas:

> "Aqui e em outros lugares, os comunistas lutam pelos direitos humanos. Muito bem, eu também. É por isso mesmo que combato com toda a força a tirania consecutiva ao medo do homem. [...] O cristianismo estremece diante da abominação que pretende abolir Deus e colocar em seu lugar o medo da

multidão, da maioria, do povo, do público." (*Journal*, Pap. VIII A 598)

Os apelos à "multidão", à "maioria", ao "povo", ao "público" tornaram-se, com efeito, modos ordinários do funcionamento de nossa vida política. A despeito das diferenças que poderíamos estabelecer entre esses quatro termos, todos eles têm algo em comum: referem-se aos indivíduos como a simples unidades quantitativas, átomos perfeitamente indiferenciados. O pesquisador de opinião que vem entrevistá-lo não se importa com quem você é pessoalmente. Precisa apenas colocá-lo em uma categoria: "trabalhador", "executivo", "estudante", "dona de casa com menos de 50 anos" etc.; um entre outros no meio de uma multidão. O "povo francês" não é a sociedade francesa assim como ela se revela em seu mosaico de singularidades e a regulagem minuciosa dos papéis e das responsabilidades reservadas a cada um. O povo é a massa anônima dos cidadãos, todos iguais e qualitativamente indistintos. Menos indivíduos, por conseguinte, que vozes somadas.

É bem evidente que reduzir os indivíduos a tal estado de indiferenciação é perigoso. O anonimato que uma existência puramente numérica confere aos indivíduos vale como um desencargo de responsabilidade: se não sou nada de particular, não sou responsável por nada. Um internauta anônimo tende, assim, a se comportar nos fóruns com uma vulgaridade e uma agressividade que com certeza não demonstraria se fosse obrigado a se identificar. Esse fenômeno é bem conhecido dos psicólogos: um indivíduo ainda que simpático sempre tende, quando se funde em uma multidão indiferenciada, a abdicar de qualquer decoro. Menos o indivíduo tem o valor de uma pessoa singular, menos também se sente responsável por seus atos. As explosões regulares de violência de alguns torcedores reunidos em uma massa anônima são outro exemplo que testemunha muito bem essa tendência:

"Para se ter uma ideia do perigo, é preciso ver de perto como até pessoas gentis, assim que se tornam multidão, se transformam em seres completamente diferentes. É preciso ver de perto a covardia com que homens, aliás honestos, exclamam: "Que vergonha! É revoltante fazer ou dizer essas coisas!", e dão sua pequena contribuição para engolir a cidade e o campo no turbilhão de suas maledicências; é preciso ver com que insensibilidade homens, aliás caridosos, agem como público, sua intervenção ou abstenção lhes parecendo algo insignificante – cuja multiplicação acaba produzindo um monstro." (*Point de vue explicatif sur mon oeuvre*, p. 40)

A paixão protege o indivíduo

Nada de bom, jamais, pode sair de uma massa anônima. Uma grande ação coletiva só tem, então, valor se cada indivíduo participar dela *pessoalmente*. É no que consiste, por exemplo, o valor de um grupo de resistentes: unidos pela consciência de combater em nome de um ideal comum, nem por isso deixam de estar separados pelo fato de estarem individualmente expostos à morte. Cada um arrisca sua vida, e essa circunstância única basta para garantir que seu engajamento é total, isto é, apaixonado, pois deve ser fiador de si mesmo. Ele tem ao seu lado irmãos de armas, não uma massa anônima; pode contar com a solidariedade deles, mas não pode apoiar-se neles para encontrar uma motivação se esta lhe faltar.

Uma massa, ao contrário, sempre dá aos indivíduos a energia de que precisam para agir no momento. No entusiasmo das grandes manifestações, cada um recebe em troca a emoção dos outros e se sente forte como mil homens. Mas, assim que um estampido de tiro dispersa a multidão, cada um, entregue a si mesmo, corre para se proteger. Uma emoção não é, pois, uma paixão: a primeira é uma maneira de simpatizar com os outros; a segunda, uma maneira de colocar, e assim de proteger, em toda sua dimensão, a presença de um eu que se dá de corpo e alma a uma causa. Longe de ser aquilo que nos impede de assumir nossa condição de indivíduo, a paixão é, ao contrário, sua única proteção:

> "Indivíduos (cada um em particular) animados por uma paixão essencial relativa a uma ideia se unem para manter com essa mesma ideia uma relação essencial: eles estão então em situação perfeita e normal. Essas condições contribuem para distingui-los individualmente (cada um permanecendo em seu íntimo) e para uni-los no plano ideal.[9] A introspecção é em essência o respeitoso pudor que coíbe entre os indivíduos qualquer indiscrição grosseira. Logo que, ao contrário, os indivíduos devem em massa (isto é, na ausência dessa demarcação individual bastante interior) se relacionar com uma ideia, colhemos violência, indisciplina, desregramento." (*Un compte rendu littéraire*, p. 183)

---

9 O plano das ideias.

Questões vitais

1. Como você faz para afirmar sua individualidade diante dos outros? Afirmando seus desejos, ou talvez reivindicando uma opinião pessoal? Quando se sente acuado(a) durante uma conversa cujo assunto não lhe interessa e sobre o qual não se considera muito competente, ainda assim você se sente obrigado(a) a se posicionar? Por quê?

2. Você já participou de um grande júbilo popular? Não sentiu que estava fundindo-se em algo imenso? Como se sua própria individualidade estivesse presa em uma poderosa corrente que o fez compartilhar emocionalmente as pulsações da multidão? No dia seguinte, ao acordar, ainda sentia – mas sozinho(a) desta vez – a exaltação do dia anterior?

3. Com certeza você acredita em certos valores fundamentais. A igualdade, por exemplo. Digamos que as desigualdades econômicas lhe parecem um problema muito importante. Você está pronto(a) para gritar isso em alto e bom som, declarando publicamente sua convicção. Mas, se amanhã lhe propusessem um desses salários que você considera indecentes, teria a força pessoal para responder: "Não, obrigado. Muito pouco para mim"?

A ilusão de um conhecimento objetivo

Não nos contentamos em nos identificar ao destino de uma razão anônima. Dessa razão anônima e perfeitamente objetiva, pretendemos fazer também o instrumento privilegiado de nosso conhecimento. De forma que o esquecimento da paixão não prejudica apenas os indivíduos; ele também gera, no campo do conhecimento, consequências catastróficas. Tornado puramente objetivo, o saber se transforma com efeito em um "conhecer monstruoso" que não tem mais qualquer relação com nossa existência.

A paixão não é oposta ao conhecimento

No capítulo anterior, vimos que, quando estamos apaixonadamente apaixonados, raramente damos prova de objetividade. Concluímos então que a paixão, porque nos cega, era pouco propícia ao conhecimento. Mas essa conclusão era por demais precipitada. Assim que uma mulher apaixonada suspeita que seu amado frequenta outras mulheres, veja como logo ela se torna lúcida! E mesmo extremamente lúcida. Nada lhe escapa, percebe o mínimo detalhe e o interpreta com uma minúcia de ourives. Bastou sua paixão amorosa se tornar uma paixão de saber para que a cegueira demonstrada cessasse bruscamente... sem que de forma alguma a paixão a tenha abandonado. Pelo contrário: é porque ali coloca toda sua paixão, porque ali se engaja de corpo e alma, que ela descobre a verdade com uma presteza que surpreenderia mais de um investigador experiente. Sem essa vontade apaixonada de saber, ela jamais teria mobilizado seu pensamento com tanta eficácia.

A vontade de conhecer não deve, pois, nos levar a desqualificar a subjetividade, e ainda menos a paixão. Precisamos, ao contrário, reconhecer que uma vontade de conhecimento objetiva só vale realmente quando é sustentada pelo esforço apaixonado de um pensamento subjetivo. Em suma, mesmo um conhecimento que não resulta de uma paixão sincera de conhecimento não teria chance alguma de ser um verdadeiro conhecimento. Ele seria do mesmo naipe que todos esses saberes que pretendemos possuir porque simplesmente os aprendemos, na escola ou em outro lugar, mas sem nunca os fazer nossos:

> "Uma razão, afinal, é uma coisa estranha; se olhar para ela com toda a minha paixão, ela se avoluma até se tornar uma enorme necessidade, capaz de mover o céu e a terra; se estou sem paixão, julgo-a sem desdém." (*Ou bien... Ou bien...*, p. 29)

Talvez essa constatação deva ser vista como o vício secreto que afeta nossa sociedade. Sem perceber, instauramos uma economia do conhecimento à qual consagramos imensos esforços, mas que, de tanto proscrever a paixão, de conhecimento só tem o nome. Este é o paradoxo apontado por Kierkegaard: nunca estivemos em posição de conhecer tantas coisas e, no entanto, nunca estivemos tão longe de compreender o que realmente significa conhecer. Depois de terminar o ensino médio, presume-se que um adolescente tenha aprendido muitas coisas. Mas quantas dessas coisas ele não julga "com desdém", a ponto de esquecê-las assim que obtiver seu diploma? Acreditamos que basta lhe transmitir certo número de informações, assim como despejamos um líquido em um funil, para lhe constituir um saber? Esta suspeita vale também para nós: por mais instruídos e educados que sejamos, não permanecemos ignorantes, simplesmente inconscientes de sua ignorância?

O conhecimento objetivo não produz certeza alguma

Pois que nos importam verdades válidas universalmente se devemos pagar por elas o preço de um anonimato existencial que nos torna totalmente incapazes de assimilá-las? Se nos contentarmos com considerações puramente objetivas, uma ideia poderá muito bem se cingir aos nossos olhos de todo o encanto de uma ideia verdadeira. Mas um conhecimento permanece em si bastante indiferente. Não é porque não duvidamos de uma verdade que estamos de todo certos. Sabemos, assim, que o princípio de Arquimedes é verdadeiro, que não pode ser de outra forma, mas pouco nos importa que seja esse princípio, e não outro, que explique as leis de um corpo imerso na água. Da mesma forma, conhecemos as razões pelas quais é indubitável que a Terra gira em torno do Sol, mas também poderíamos ter aceitado a hipótese contrária se se reconhecesse que ela era a melhor. Em outras palavras, mesmo essas verdades não despertando nenhuma dúvida, elas ainda conservam aos nossos olhos uma desagradável aparência de verdades contingentes, ou seja, que não são necessariamente verdadeiras:

> "Não faço questão de tecer grandes palavras sobre a nossa época como um todo, mas, quando se observa a geração atual, será possível negar que tanto sua desarmonia quanto a causa de sua angústia e de sua inquietação ocorrem porque a verdade só aumenta apenas em extensão, em volume e, até certo ponto também, em clareza abstrata, enquanto a certeza continua a diminuir?" (*Le Concept d'angoisse*, p. 310)

Assim, por mais excelentes que sejam as demonstrações nas quais ele se apoia, o conhecimento objetivo não deixa de alimentar, por sua incapacidade para produzir certezas, certa indiferença. Para que os conhecimentos se tornem certezas, é preciso antes que um homem se dê de corpo e alma à sua paixão de conhecer. Somente então um "eureca!" poderá surgir. Nessa exclamação, é preciso ver o gesto de adesão pelo qual um indivíduo singular se torna fiador da verdade, colocando na balança toda a força de sua decisão pessoal. Eureca! Esta não é a terna conclusão de um espírito objetivo e neutro, mas o entusiasmo pelo qual um indivíduo apaixonado acolhe resolutamente uma verdade que por muito tempo buscou. Para se dar conta disso, basta ver a alegria e o orgulho que iluminam os olhos de uma criança quando consegue compreender algo importante. Dessa constatação poderíamos extrair algumas recomendações pedagógicas úteis:

> "É isso o que importa na educação, não a criança aprender isso ou aquilo, mas a alma amadurecer, a energia ser despertada. Você costuma dizer que é magnífico ser inteligente, e quem negaria que isso importa? Mas quase acredito que, se quiserem, chegarão a ela com seus próprios meios. Dê a um homem energia e paixão, e ele é tudo." (*Ou bien... Ou bien...* p. 545)

Quando o conhecimento objetivo se torna frívolo

Quando o que devemos conhecer nos envolve diretamente, o esquecimento da paixão nos torna culpados de uma terrível frivolidade. "Todos nós devemos morrer um dia": todo ser racional é capaz de apreciar no mesmo instante a verdade objetiva desse julgamento. Como sabem: todos nós somos mortais. Do ponto de vista da razão, o debate está encerrado e o julgamento, rapidamente dado. Imagine que em um jantar um convidado diga que não crê na ideia de que todos nós vamos morrer. Com certeza você o considerará um tolo e pensará que enlouqueceu. Pois um ser de razão, desde que raciocine, não tem outra ambição senão encontrar a verdade. Ele só se preocupa, então, com a validade objetiva de suas opiniões, sem se interessar por outra coisa. Para ele, só importa a questão de saber se tem razão de acreditar ou de não acreditar em certas coisas. "Creio que", "Penso que", "Estou sinceramente convencido de que", "Na minha opinião", "Para mim" etc., quantos de nossos discursos não começam com esses preâmbulos? O ser de razão se considera satisfeito assim que chegou a uma conclusão irretocável. De qualquer modo, ele não sente necessidade alguma de pensar mais adiante. Na medida em que pensa, seu único objetivo é chegar a um julgamento firme ou verossímil. Isso feito, ele para.

Em contrapartida, é preciso ser verdadeiramente um sujeito que pensa, e não um simples sujeito pensante, para se apropriar dessa verdade a ponto de sentir sua extraordinária profundidade existencial. Ver nesse enunciado universal perfeitamente objetivo uma sentença de morte dirigida a mim, e não ao ser humano em geral, se penetrar dessa verdade que *eu* vou morrer, que todos os *meus* dias estão contados e que devo considerar cada segundo de *minha* vida com essa espada de Dâmocles suspensa sobre *minha* cabeça, exige realizar o movimento inverso do conhecimento: partir de uma verdade objetiva e fazer dela, por um paciente trabalho de meditação, minha verdade singular.

"Pensar na morte", você se dá realmente conta, não é a mesma coisa que alimentar em sua cabeça um pensamento abstrato sobre a condição mortal dos seres humanos. É preciso muito esforço e muita perseverança de um pensamento subjetivo habitado pela paixão para impedir que o saber não se torne o que ele tende a se tornar atualmente: o aliado de uma monstruosa frivolidade, em que cada indivíduo transforma o conhecimento que adquire de si mesmo em uma maneira cômoda de se distrair de si mesmo.

> "São bem conhecidas as ladainhas da dor e do sofrimento, bem como o magnífico elogio da constância. Todos recitam. Se existe alguém que, por uma opinião, se expõe a um pequeno aborrecimento, ele é considerado um demônio – ou um tolo; pois sabem tudo e, para não ficar só nisso, sabem também que nada farão com tudo o que sabem, pois com a ajuda do saber exterior estão no sétimo céu. Sim, se às vezes é possível pensar com certo alívio que César mandou queimar toda a biblioteca de Alexandria, é possível, com boa intenção, realmente desejar para a humanidade que esse excesso de saber seja novamente retirado, para que se possa aprender novamente a saber como é viver como um ser humano" (*Post--scriptum aux Miettes philosophiques*, p. 170)

Questões vitais

1. Hoje, você seria capaz de obter o diploma de segundo grau? Melhor ainda: que nota acha que obteria no exame final? Com certeza nada muito brilhante... Todo esse saber não deveria ser, no entanto, a bagagem de uma vida, uma formação intelectual que lhe garantisse os alicerces duradouros de uma cultura elementar?

2. Você gosta de se instruir, de se cultivar? O que espera exatamente dessa cultura? Por que gosta de aprender coisas novas o tempo todo? Pelo prazer de conhecer ou pelo de se manter informado(a)? Existe um critério simples para responder a essa pergunta: se você gosta de aprender muitas coisas novas, mas não está disposto a se aprofundar em nenhuma delas, então você não deseja realmente conhecer.

3. Depois de ler este capítulo, talvez concorde com o diagnóstico de Kierkegaard. Se assim for, ótimo! Mas e depois? O que você, pessoalmente, faz com esta concordância? Ela o(a) encoraja a modificar profundamente sua maneira de fazer ou de ver? Ou basta por si mesma, sem engajá-lo(a) para além de uma simples adesão intelectual? Sua sincera convicção lhe parece um compromisso suficiente?

4. Você diria que é objetivo(a) ou subjetivo(a)? Por quais razões? Seja honesto(a): quando afirma uma ideia, você realmente pensou a respeito ou apenas mencionou o que um "especialista" disse? Em que seu pensamento é realmente pessoal?

A renúncia à beatitude

Tampouco haveria paixão sem esse sentimento de infinidade e de eternidade que toda a vida reflexiva espontaneamente engendra. Nossa existência parece agora tão confinada no regime prosaico de um horizonte metodicamente limitado que se nos tornou muito difícil aceitar esse sentimento. O esquecimento da paixão, e, portanto, do indivíduo, assume aqui um segundo rosto: ao escorrermos pela fenda de uma vida cuidadosamente desembaraçada de todo excesso, limitada somente à busca da felicidade, perdemos de vista a atração natural que experimentamos pela beatitude.

No coração de toda paixão: o amor

Um homem "apaixonado" por seu trabalho, um adolescente "apaixonado" por um videogame, um militante que luta "apaixonadamente" por uma causa, uma criança "apaixonada" por literatura etc.: qual é o ponto comum entre todas essas paixões ordinárias? Todas resultam de uma certa forma de amor. O homem apaixonado pelo seu trabalho "ama" seu trabalho, como o adolescente "ama" os videogames e o militante "ama" a causa à que ele serve. Todas as nossas paixões se referem, pois, ao amor, mas a um amor que poderíamos qualificar como excessivo.

Com efeito, amar apaixonadamente uma coisa, seja um trabalho ou uma atividade, um objeto ou uma pessoa, é demonstrar uma forma de amor que, à medida que a paixão se torna mais forte, se assemelha cada vez mais ao que poderíamos chamar de amor com um A maiúsculo: aquele que a mãe sente pelo filho ou aquele que o amante sente pela pessoa amada. De um homem que ama apaixonadamente seu trabalho, sua esposa poderá dizer que ele é "casado com seu trabalho", pois se comporta com ele da mesma maneira exclusiva que em uma relação amorosa. Podemos renunciar ao amor de uma mulher em nome de uma causa que exige de nós tantos sacrifícios que ela torna impossível a disponibilidade para outra coisa. Mas, mesmo assim, ainda se trata de amor, embora seu objeto não seja mais uma pessoa.

Por isso, nossa capacidade de sentir a paixão depende estreitamente de nossa aptidão para saber amar. Quem ignora o que é amor também não pode saber o que é estar apaixonado. De nosso modo de viver o amor depende, então, o destino de todas as outras paixões:

> "A mesma coisa que enfraquece a fé no amor, a falta de sentido do infinito, a mesma coisa, digo, enfraquecerá a fé nas outras paixões. Então, abandonados pela poesia, descem ao finito até que no final encontram diante de si a política em um sentido contrário. Se a política for concebida com a paixão pelo infinito, ela poderá naturalmente produzir heróis como aqueles encontrados na Antiguidade, em que, portanto, tinham a fé no amor. No mundo do infinito, quem falha em um único ponto é culpado por todos." (*Étapes sur le chemin de la vie*, p. 470)

Tal constatação explica por que a questão das relações amorosas e dos problemas de casal ou de amor dos pais ocupa um lugar central na reflexão teórica de Kierkegaard. Isso poderia surpreender, mas esse interesse não é de forma alguma anedótico. O amor é o núcleo em torno do qual gravita a galáxia de nossas paixões. Ele representa a paixão em estado puro. Para avaliar a presença da paixão em nossa vida, dispomos, então, de um critério bastante simples: quais são as coisas, as atividades ou as pessoas com as quais mantemos uma relação tão exclusiva, intensa e duradoura quanto uma relação amorosa? Um homem apaixonado por futebol manifesta sua paixão de forma bem diferente que o simples torcedor ocasional, pelo lugar que o futebol ocupa em sua vida: o tempo que lhe dedica, os esforços financeiros que se dispõe a fazer para nunca perder uma partida importante e sua maneira de nunca saber falar sobre outra coisa de tanto que pensa no futebol o tempo todo. Assim, quanto mais nos afastamos deste círculo que é o amor, mais o que chamamos paixão se assemelha aos caprichos de um momento.

Os impasses do amor-paixão

Como a paixão é um compromisso de todo o ser, corpo e alma, toda paixão tende naturalmente a se mostrar totalitária. Portanto, em nossa vida, não poderia haver espaço para muitas paixões, pois a característica de uma paixão é querer ocupar todo o espaço. Desse ponto de vista, uma grande paixão se assemelha a uma ascese: sua presença exige o sacrifício de tudo. Um grande professor vive apenas para o seu ensino, um grande artista vive apenas para a sua arte. Um escritor não vê salvação fora da escrita; toda a sua vida, incluindo a vida familiar, deve ser organizada em torno desse centro de gravidade. Só então podemos dizer que ele é apaixonado pelo que faz, a escrita sendo o grande amor de sua vida.

Essa maneira de se consagrar de corpo e alma a uma tarefa, seja ela qual for, pode parecer-nos admirável pela potência colossal de energia que ela mobiliza. "Nada de importante no mundo", reconhecia Hegel, "foi realizado sem paixão." Napoleão não teria sido Napoleão sem esse fogo interior que o levou a conquistar a Europa, Mozart não seria tão bom compositor se não tivesse se consumido em seu talento. Mas, do ponto de vista estrito da felicidade, esse tipo de paixão nunca é muito recomendável. É preciso reconhecer, com efeito, que há na paixão uma desmedida que não é a melhor aliada de nossos interesses temporais. Do ponto de vista da prudência e da felicidade, a paixão é má conselheira. Dizem que ela é uma loucura do desejo que faz perder todo senso das proporções, todo cálculo rigoroso de interesse. Quando amamos, não contamos. Ainda mais quando amamos apaixonadamente.

Então, nos consumimos literalmente por uma causa ou uma coisa que não pode senão nos prejudicar com tudo o que ela exige de nós. É impossível, então, encontrarmos um equilíbrio justo na paixão, pois ela naturalmente invade tudo. O apaixonado é um monomaníaco incapaz de não sacrificar tudo à sua mania. Como essas crianças apaixonadas por videogames que nem se importam mais em comer, tanto temem perder um tempo precioso caso se afastem da tela por muito tempo.

A economia da felicidade recomenda, assim, com insistência conter a paixão no reconfortante círculo do limite. Os conselheiros matrimoniais, bem como os filósofos que se ocupam com essas questões, continuam nos advertindo sobre os perigos de um amor demasiado exclusivo. Alguns jovens, inexperientes nos assuntos do coração, se entregam primeiro ao sentimento amoroso com uma cabeça repleta de sonhos de fusão que estranhamente lembram o mito do andrógino primordial narrado por Platão: outrora, a espécie humana era constituída por seres esféricos que, em vez de ter como nós duas pernas e dois braços, tinham quatro pernas, quatro braços, duas cabeças e todo o resto duplicado. Zeus, cansado da insolência deles, teria, então, decidido cortá-los ao meio, verticalmente. Desses seres primitivos surgiram dois indivíduos, desconexos, mas que guardaram a nostalgia da unidade perdida. Desde aquele dia, "cada pedaço, lamentando sua metade, tenta unir-se novamente a ela".[10]

Sob seu aspecto fantasioso, essa história fornece uma visão bastante precisa do amor-paixão. É antes de tudo um amor fusional, baseado em uma dependência absoluta do outro. Sem "nossa metade" temos a sensação de não ser mais nada, sentimo-nos incompletos. Esse amor não nos devolve à nossa individualidade e, pelo contrário, dela nos priva, fazendo-nos, em vez de um indivíduo total, uma parte de indivíduo. O verdadeiro indivíduo, então, é o casal, que é o único que existe verdadeiramente, enquanto

---

10 Platão, *O Banquete*.

um sem o outro não somos nada. Se muitas separações amorosas produzem uma dor insuportável, é porque geralmente elas nos forçam a reaprender a andar sozinhos sobre duas pernas ao passo que, durante anos, pensávamos andar sobre quatro pernas.

Os amores-paixões também são amores idólatras que levam a apoiar no outro um sonho de paraíso perdido (a imagem do andrógino primordial) que ele simplesmente não pode assumir. Ao querer que o outro seja tudo para nós, nós o divinizamos. Como a impostura não pode durar muito tempo, é legítimo que os romances de amor terminem pudicamente por um belo casamento:

> "O pernicioso e doentio nessas obras é que terminam onde deveriam começar. Depois de superar as múltiplas fatalidades, os amantes acabam caindo nos braços um do outro, a cortina cai, o livro está terminado, mas o leitor não foi mais além na história; pois, contanto que o amor exista em seu entusiasmo original, não é tão difícil assim ter muita coragem e inteligência, lutar com todas as suas forças pela posse do bem que se considera como o único bem; em contrapartida, ponderação, sabedoria e paciência são necessárias para superar a lassidão que muitas vezes acompanha a realização de um desejo. O entusiasmo original do amor não teme expor-se às dificuldades para conquistar o objeto amado; pelo contrário, ele é levado, ali onde não há tantos perigos, a criá-las, simplesmente para vencê-las. O que poderia ser mais natural? No entanto, foi nesse ponto que toda a atenção dessa escola se fixou e, tão logo os perigos vencidos, o maquinista mestre sabe o que deve fazer." (*Ou bien... Ou bien...*, p. 360)

O que se passa a seguir, depois de a cortina cair, sabemos bem, por experiência. A decepção está à altura do desafio. Os defensores do amor dão uma mãozinha a seus detratores, em uma louca ciranda em que o entusiasmo idólatra daqueles que ainda não viveram o disputam com o cinismo daqueles que já o viveram. Em uma palavra: as expectativas desmedidas que colocamos em nossas relações amorosas geram inevitavelmente um desgosto à altura delas:

"Muitos homens se tornaram um gênio graças a uma jovem, muitos homens se tornaram heróis graças a uma jovem, muitos homens se tornaram poetas graças a uma jovem, muitos homens se tornaram santos graças a uma jovem; mas nenhum deles se tornou gênio graças à jovem de quem obteve a mão, pois graças a ela se tornou apenas um conselheiro de Estado; nenhum deles se tornou herói graças à jovem de quem obteve a mão, pois graças a ela só se tornou general; nenhum deles se tornou poeta graças à jovem de quem obteve a mão, pois graças a ela só se tornou pai." (*Étapes sur le chemin de la vie*, p. 72)

O amor-amizade contra o amor-paixão

Em suma, o amor-paixão nos tornou mais uma vez o que já parecia ser para os filósofos gregos: um impasse. O que de fato ele é, do ponto de vista de nossa felicidade. Em vez de se entregar à paixão, preferimos um amor mais comedido, menos exigente em suas expectativas. Uma justa economia da felicidade exige que renunciemos ao amor-paixão para nos dedicarmos a um amor-amizade mais complacente. O que é o amor-amizade? Uma maneira de estar apaixonado sem paixão, uma maneira de ver no outro um companheiro ou uma companheira mais que "o amor de nossa vida". Como o investimento afetivo é mais comedido, só apresenta vantagens.

De um lado, mostra-se mais duradouro. Em muitos casais realizados, o amor assume naturalmente essa forma. Os dois esposos têm afeição um pelo outro, são amigos que se conhecem muito bem e que dormem juntos. Esta é uma maneira muito respeitável de viver feliz seu casamento, assumindo o luto da paixão. A boa compreensão reinante entre eles sendo a garantia da sobrevivência do casal, o interesse de se tornarem bons amigos é todo deles. Ainda mais que amigos têm a virtude rara de se amarem pelo que são e como são, com suas qualidades e seus defeitos. A amizade suporta, assim, muito bem um conhecimento aprofundado do outro, ao passo que um amor-paixão, ao contrário, sobrevive dificilmente ao desaparecimento das ilusões.

Do outro, o amor-amizade tolera muito melhor a separação. Podemos afastar-nos de um amigo, e mesmo perdê-lo de vista, sem deixar de vê-lo como um amigo. A amizade não é tão exclusiva quanto o amor. Dois amigos podem, de comum acordo, decidir separar-se sem ter o sentimento de se traírem:

> "Ela pensa que não há problema em viver juntos por um tempo, mas quer reservar-se o direito de escolher se a alternativa de uma escolha mais feliz se apresentar. Ela faz do casamento uma instituição cívica; é só preciso notificar a autoridade competente que o casamento acabou e que um novo foi contratado, exatamente como se adverte quando se muda de domicílio." (*Ou bien... Ou bien...*, p. 364)

Essa crítica irônica ao divórcio certamente não é, na escrita de Kierkegaard, uma maneira de negar as temíveis contradições do casamento. De certa maneira, é bem o contrário. A instituição do divórcio se apresenta menos como uma ameaça para o casamento que como uma solução de recurso capaz de tornar a relação amorosa mais vivível para os cônjuges. Mas não é bem assim, e é essa ilusão que o pensador denuncia.

Duas pessoas que desejam se casar o fazem normalmente em nome da paixão. A troca solene das promessas que leva as testemunhas a disfarçar uma lágrima emocionada só tem valor porque queremos muito ver nessa troca a expressão de um amor apaixonado, em que cada um dos cônjuges está disposto a apostar no outro toda a sua vida. A gravidade do compromisso ("até que a morte") está em correspondência com a paixão reivindicada. Então, reduzir o casamento às dimensões de um contrato que pode ser desfeito a qualquer momento, como se não passasse de um acordo amigável, significa fazer dele algo bem diferente de um casamento. É uma renúncia, talvez lúcida, ao amor-paixão. Mas, por isso mesmo, também é uma renúncia ao casamento, e não a um simples arranjo. Podemos concluir que é melhor não prometer nada do que se prestar à comédia de uma eternidade reduzida à comunhão de bens adquiridos.

> "Em que podemos confiar, tudo pode mudar, esse ser quase adorado pode mudar – nunca se sabe? Talvez destinos futuros me coloquem em contato com o ser capaz de realmente se tornar o ideal com o qual sonhei. [...] O próprio fato de me ligar indissoluvelmente a alguém pode ter como consequência que esse ser que, sem isso, eu amaria com toda a minha alma, se torne insuportável para mim, talvez, talvez etc. [...] É fácil compreender que essa mentalidade encontre muito mais vantagens em uma união de cinco anos do que em uma de dez anos." (*Ou bien... Ou bien...*, p. 366)

O amor-paixão traz em si um desejo de beatitude

Se nossa perspectiva é a felicidade, vemos bem que a paixão não tem um futuro promissor. Pelo contrário, nossas paixões tendem a se tornar mais e mais comedidas, para não atrapalhar nossos interesses. Amizade então, em vez do amor. Um contrato revisável, mais que um casamento definitivo. Do ponto de vista da felicidade, uma grande paixão continua sendo simplesmente injustificável.

É o bastante para desacreditá-la? Não, justamente, pois temos consciência de que um grande amor não deveria ser pesado na mesma balança da nossa realização pessoal. Que o amor de Romeu e Julieta seja um amor infeliz não nos impede de considerá-lo admirável e invejável. Por que, então, se não lhes traz felicidade? Simplesmente porque não é pela felicidade que a paixão se interessa. Se Mozart quisesse encontrar a felicidade, não teria se matado tanto no trabalho. Se Napoleão quisesse ser feliz, teria ficado tranquilamente em sua casa. A felicidade simplesmente não era importante para eles.

O quê, então? Somos apaixonados na medida em que, apesar de nós mesmos, nos sentimos animados por uma exigência de absoluto que faz de toda felicidade tranquila uma honesta capitulação: "Eu, como os cães, escrevia Lautréamont, sinto a necessidade do infinito... Não consigo, não consigo satisfazer essa necessidade! Sou filho do homem e da mulher, segundo me disseram. Isso me surpreende... achava que era mais!"[11] Significa dizer que o homem apaixonado sonha menos com a felicidade que com a "beatitude", ou seja, com um ideal de felicidade em que a eternidade e o infinito também teriam sua parte.

Basta ouvir as doces palavras que pronunciamos quando amamos. Prometemos nos amar "sempre", não nos abandonar "nunca" etc. Essa linguagem superlativa nada tem de acidental. Traduz exatamente o que sentimos quando estamos apaixonados, a maneira como vivemos nosso amor. "Infinito", "eternidade", "absoluto" etc., todas essas palavras que parecem grandiloquentes são em amor insubstituíveis e protegidas das modas. Se as suprimíssemos, não passaríamos de frios calculadores.

> "Como tudo o que é eterno, o [amor] possui essa dualidade de se considerar eterno tanto no passado como no futuro. É isso que constitui a verdade sobre o que os poetas costumavam cantar tão lindamente, dizendo que os apaixonados têm o sentimento de se amarem desde muito tempo e que têm esse sentimento no instante em que se encontram." (*Ou bien... Ou bien...*, p. 379)

Para realmente perceber essa tendência natural que nos leva na direção da beatitude, observemos as crianças. Uma menininha ou um menininho geralmente esperam da vida muito mais que nós. Sonham com aventuras magníficas, com carreiras brilhantes, com amor com A maiúsculo; querem que sua vida seja um encantamento em todos os instantes. Alimentam, pois, uma aspiração excessiva que nós, adultos razoáveis, aprendemos a observar com um olhar circunspecto. Na maioria das vezes nos parecemos com o sábio Creonte, o rei de Tebas, dando à sua sobrinha Antígona uma lição de realismo:

---

11 Comte de Lautréamont, *Les Chants de Maldoror* [Os cantos de Maldoror, Editora Iluminuras, 2020].

"Também você aprenderá, tarde demais, que a vida é um livro amado, é uma criança brincando aos nossos pés, uma ferramenta que seguramos com força na mão, um banco para descansar à noite em frente à nossa casa. Você vai desprezar-me ainda mais, mas descobrir isso, como você verá, é o consolo irrisório de envelhecer; a vida talvez não seja, afinal, o mesmo que a felicidade." (Jean Anouilh, *Antigone*)

Esse discurso é interessante não só porque, para aquele que já viveu um pouco, parece cheio de bom senso, mas também porque manifesta muito bem certa ambiguidade: no fundo, quem faz essas considerações não esqueceu de todo seu desejo de beatitude. Apenas renunciou a satisfazê-lo ao compreender que a vida "talvez não seja, afinal, o memso *que* a felicidade". A felicidade, portanto, na falta de outra coisa. As modestas satisfações aqui embaixo, em vez do transporte de uma alegria arrebatadora. O esquecimento da beatitude não é o desaparecimento de um impulso que nos levaria para além de nós mesmos; é apenas a renúncia a um projeto de vida que, com razão, nos parece irrealizável. Proponha a um homem qualquer que escolha entre um estado de bem-estar e um êxtase paradisíaco; ele não hesitará por muito tempo. A aspiração ingênua de nossos filhos nos faz sorrir porque, na realidade, nós a compreendemos muito bem. Mas, ao contrário deles, aprendemos a renunciar ao que sabemos ser uma impossibilidade. Não existe outro mundo além deste, nenhuma outra vida além desta. E a beatitude não faz parte dela. O que Antígona, em sua paixão intratável, se recusa a ouvir:

"Todos vocês me enojam, com sua felicidade! Com sua vida que é preciso amar a todo custo. Parecem cães que lambem tudo o que encontram. E essa pequena sorte de todos os dias, se não forem muito exigentes. Quanto a mim, quero tudo, imediatamente, e que seja completo, ou então recuso! Eu, eu não quero ser modesta e me contentar com um pequeno pedaço se tiver sido ajuizada. Quero ter certeza de tudo hoje e que isso seja tão belo como quando eu era pequena – ou morrer." (*Ibidem*)

Não resta dúvida de que com uma aspiração tão insensata, ela não pode ter outra escolha que a morte.

Vida idólatra

Se há algo abusivo no amor fusional, não é tanto a paixão que o anima quanto o objeto que geralmente tem como alvo. Se toda paixão é busca de uma beatitude, como poderíamos decentemente esperar de uma pessoa, e menos ainda de uma coisa, que elas satisfaçam tal expectativa? Em princípio, como a beatitude é uma alegria perfeita que não nos deixa mais nada a desejar, o único objeto que poderia satisfazer esse desejo deveria ser necessariamente um objeto absoluto.

Isso não quer dizer que não poderíamos jamais amar apaixonadamente homens ou mulheres. Claro que não! Mas todo amor, quando apaixonado, inevitavelmente tende a algo diferente daquilo que o desperta. Um belo dia, sem esperar, encontro uma mulher... é amor à primeira vista! Bastou um olhar para que ela despertasse em mim um gosto de eternidade que eu já esquecera. Eu a amo! O que significa que amo sua maneira de me devolver a mim mesmo e de despertar aspirações em direção a uma grandeza que vai além dela e de mim. Se definimos o amor como um transporte, um arrebatamento, um êxtase, é precisamente para marcar que ele é uma tensão em direção à beatitude. Quando digo que a amo, quero dizer, portanto, que é por meio dela que conheço o amor. Em outras palavras: ela não é realmente o objeto do meu amor, nem tampouco seu objetivo; ela é sua causa, seu precioso motor.

O erro do amor fusional consiste em transformar a pessoa amada no depositário de nossa beatitude. Em vez de vê-la como a impulsão que nos move ("O que eu não faria pela mulher que amo?"), a vemos como o objeto que nos falta. Para a pessoa que amamos, isso é demais. Para o nosso desejo de beatitude, não é o bastante. De certa forma, o amor fusional é, então, uma maneira de querer negar a beatitude ao tentar reduzi-la às condições tangíveis de uma felicidade temporal. Não renunciamos à beatitude, mas pretendemos desfrutá-la aqui na terra. É, propriamente falando, uma atitude idólatra, que consiste em dar ao objeto amado as dimensões de uma divindade.

É pela sua paixão de escrever que um escritor tende à beatitude. Considerando tudo o que sacrifica por ela, podemos ter certeza de que não está procurando sua felicidade. Mas, assim que começa a passar noites em claro pensando que talvez seus livros não sejam apreciados pelo público, assim que entra em estados impossíveis e literalmente se desespera com a leitura de uma crítica demolidora, encontra-se, então, em outra situação: evidentemente, ainda não é sua felicidade que ele está procurando, uma vez que fica infeliz por bagatelas. Em contrapartida, a extensão de sua dor mede a extensão de sua expectativa: a beatitude que buscava ao escrever, ele a colocava erroneamente na notoriedade que essa atividade lhe poderia trazer.

Nada há de errado em querer ser conhecido. A glória é um ingrediente da felicidade. Mas sacrificar toda sua felicidade por um desejo de glória é, em contrapartida, problemático. Isso indica que esperamos dessa glória mais do que ela nos pode dar, que a inflamos na proporção de nosso desejo de beatitude. Dessa maneira, mesmo amando apaixonadamente uma mulher e nela encontrando mil encantos, o fato é que ela continua sendo uma pessoa como você e eu: um ser relativo, com seus defeitos e seus limites. Portanto, não podemos fazer com que dependa dela a beatitude que esperamos. É impor-lhe um fardo pesado demais, do qual ela jamais poderá desobrigar-se adequadamente.

...ou pequena "felicidade burguesa"?

Isso significa dizer que nosso desejo de beatitude é inútil, uma vez que não poderia ser satisfeito aqui na terra? Não estamos, então, certos em renunciar a esse desejo em favor da simples busca de nossa felicidade, uma felicidade deste mundo, inteiramente talhada de acordo com nosso tamanho? Em suma, uma felicidade que teria o rosto familiar de uma vida "sem riscos". "Que felicidade!", exclamamos às vezes diante de um prato saboroso. Uma maneira eloquente de dizer que nossa felicidade agora reside nesses pequenos momentos de prazer cotidianos.

Em uma ambição tão modesta, o amor não está mais destinado a ocupar o primeiro lugar. Dele esperamos, então, muito mais o conforto e a segurança do casal do que o entusiasmo vibrante dos amantes melancólicos. A busca pela segurança estabelece uma hierarquia bem diferente, na qual a busca pelo concreto prima sobre todo o resto. E claro: como a felicidade se torna a busca por uma satisfação neste mundo, é nele que teremos de encontrar o caminho para a nossa felicidade. Agora, o que é mais pé no chão do que essas coisas concretas que compõem nossa riqueza? Como se costuma dizer, se o dinheiro não traz felicidade, pelo menos contribui para ela.

Desnecessário dizer que Kierkegaard, como todos os românticos de seu tempo, não tinha uma grande simpatia por esse ideal de "felicidade burguesa", em que a lógica do interesse pessoal substituiu o apelo vigoroso da paixão. Ora, silenciar desse modo em si mesmo uma aspiração natural à beatitude não é um meio muito seguro de assumir nossa individualidade. Muito pelo contrário: isso nos conduz ao que Kierkegaard chama de uma vida mentirosa de "filisteu". O que caracteriza o filisteu é sua pretensão de ser um homem realista. Realista, com certeza ele é, na medida em que permanece estreitamente em contato com o mundo real, lutando com o concreto, desconfortável no presente. "Não há outro mundo, nem outra vida", ele repete. Além disso, se abstém cuidadosamente de nutrir a menor aspiração insensata e força seu desejo a permanecer dentro dos limites do que lhe parece humanamente possível:

"A reflexão das pessoas agarra-se sempre às nossas pequenas diferenças, sem suspeitar, como é devido, de nossa única necessidade, por isso ela nada entende dessa indigência, dessa estreiteza que é a perda do eu, perdido não porque se evapora no infinito, mas porque se fecha profundamente no finito; e porque em vez de um eu, torna-se apenas um número, mais um ser humano, mais uma repetição de um eterno zero." (*Traité du désespoir*, p. 370)

Em suma, a crítica de Kierkegaard ao filisteu é por ter perdido a bússola do infinito, o que não é pouco. Pois viver sem absoluto é resolver viver também sem ideal. Por definição, um ideal não remete a algo que seria possível. Não fazemos mais que avançar em sua direção, sem nunca chegar lá. Seu papel é nos dar uma direção a seguir mais que uma meta a alcançar. Esse ideal encarna um estado de coisas perfeito que não é deste mundo. Na política, por exemplo, o ideal é chamado de "utopia", etimologicamente um lugar que não existe em lugar algum.

No entanto, a função de um ideal não é nos encorajar a fugir do mundo em que vivemos, e sim se apoderar tanto mais dele porque o sobrecarregamos com o peso de uma exigência imodesta. É claro que uma utopia é sempre algo irrealizável, assim como a beatitude ou a perfeição moral. Mas sem esses ideais, será que teríamos a ambição de mudar o mundo? O que seria, por exemplo, a Revolução francesa sem o ideal de liberdade, de igualdade e de fraternidade que a conduziu?

O problema do filisteu é que ele renunciou completamente a satisfazer seu ideal de beatitude. De modo que, efetivamente, ele vive com os pés no chão... mas não dirige mais a cabeça em direção às estrelas, como qualquer indivíduo normal faria. Está reduzido a engatinhar no chão, sem poder realmente assumir uma individualidade que se encontra presa nas malhas do conformismo. Atento a seguir o mundo como ele é, não dispondo de nenhum recurso interior para escapar das sereias da época, está condenado a "fazer como todo mundo".

Questões vitais

1. Você já se apaixonou a ponto de sentir que estava perdendo-se de si mesmo(a)? Por que renunciou assim à sua individualidade? Por amor? Achava impossível estar apaixonado(a) de outra maneira?

2. Como você vivencia a extinção gradual da paixão em seu casamento? Talvez bem, já que essa paixão dá lugar a uma ternura sincera? Ou talvez mal, já que não aceita tão facilmente renunciar à embriaguez da paixão amorosa?

3. Como se sente quando se apaixona? Tem sempre a sensação de se esquecer no outro, ou pelo contrário, tem logo a impressão de ser devolvido(a) a si mesmo(a), transbordante de vivacidade e de energia?

A pessoa amada não tem o poder de despertar em nós, apenas por sua presença, uma considerável potência de entusiasmo? Finalmente, não é só pelo prazer de nos sentirmos tão vivos que procuramos tanto nos apaixonar?

4. Suponha que você tenha uma vida confortável que satisfaça todas as exigências de uma vida "feliz": um cônjuge com quem você se dá bem, um trabalho no qual se realiza, filhos saudáveis, uma casa espaçosa e agradavelmente mobiliada etc. Ainda sentiria falta de alguma coisa? Foi realmente com essa vida que você sonhou quando criança? Ou com uma vida mais louca, mais intensa, em que tudo o que você viveu deveria trazer a marca do absoluto?

Nossa orgulhosa presunção de indivíduos soberanos

O esquecimento de nossa beatitude é solidário de outro esquecimento, que constitui a terceira faceta importante de nossa modernidade. Mesmo querendo ser realistas, comportamo-nos de uma maneira totalmente irrealista! Esse aparente paradoxo tem a seguinte explicação: a paixão nos coloca em contato com um ideal de beatitude situado para além de toda realidade possível. Ao mesmo tempo, no entanto, ela nos expõe inevitavelmente a olhar a realidade através desse ideal. Desde logo, a realidade como um todo parece atingida por uma imperdoável finitude. Nosso sentimento de finitude só se revela, então, à luz desse ideal. Se você suprimir um, não poderá mais perceber o outro. Esta é a situação perturbadora em que nos encontramos engajados: cegos à nossa finitude, nos acostumamos a nos perceber como "indivíduos soberanos".

A experiência da finitude

Em muitas civilizações antigas, os seres humanos recebiam o nome de "mortais". Esse título não significava apenas que estavam destinados à morte. Esse destino é o quinhão comum de todos os seres vivos, e não só do ser humano! Se recebiam esse nome, era para significar outra coisa. Dizer que eram "mortais" era uma maneira de definir sua condição sob uma forma puramente negativa: "ser mortal", para um ser humano, significava "não ser imortal". Em outras palavras, a existência humana era definida a partir do "padrão" da imortalidade bem-aventurada dos deuses. À luz dessa eternidade, a existência humana encontrava-se marcada com o selo da imperfeição. E é a partir dessa finitude, simbolizada pela morte, que se definia, então, a condição humana.

Vimos na primeira parte que essa maneira de pesar nossa existência em termos de um ideal de eternidade era constitutiva do nosso desespero. O desesperado desespera da passagem do tempo, porque ele o avalia conforme um sentimento de eternidade do qual não se pode desfazer. Também se desespera da necessidade, em nome de um sentimento de liberdade infinita que lhe parece familiar. É na impossibilidade de conciliar esses opostos, portanto também na impossibilidade de ser plenamente ele mesmo, que ele extrai a substância de seu desespero. Se hoje este nos parece uma anomalia tão deplorável, é somente porque perdemos de vista a dimensão patética de nossa existência. O verbo *pateor*, em latim, significa efetivamente "sofrer, suportar". "Paixão" e "patético" têm aqui a mesma etimologia. O patético nada mais é que essa tonalidade afetiva que acompanha a paixão.

O sentido do patético

Destacar o caráter patético de nossa existência não é de maneira alguma dizer que ela é desoladora. É verdade que, quando dizemos a alguém "Você é patético", a expressão não é muito lisonjeira. Mas não é nesse sentido que o termo deve ser entendido. Longe de tornar a vida desoladora, essa dimensão patética é, ao contrário, o que contribui para torná-la mais exaltante e mais poética. Não há nada de poético ou de particularmente interessante em se perguntar o que vamos comer à noite. Da mesma forma, a rotina de nosso trabalho encarna um cotidiano muito prosaico. Um artista, em geral, se interessa muito pouco por esses aspectos rotineiros de nossa existência. Ou, caso se interesse, é apenas para trazer à tona o caráter patético de uma vida tão repetitiva. A arte sempre tem a ambição, não importa o objeto de que trate, de explorar por meio dela os principais temas da existência humana: o amor, a morte, a finitude, a liberdade, o esquecimento etc. Os personagens dos romances parecem sempre viver uma vida mais intensa que a nossa porque só precisam viver a dimensão propriamente existencial de sua existência.

Por que um belo verso tem esse poder singular de ressoar em nós? Que ímpeto desperta que uma palavra prosaica demais nos tenta fazer esquecer? De onde vem a emoção que sentimos ao ouvir uma música que nos arrepia? A emoção estética é uma emoção muito particular, cujo efeito é sempre o de nos devolver a nós mesmos, ou seja, ao que há de existencial em nós. Robert Antelme, no belo livro dedicado à sua experiência de deportado durante a Segunda Guerra mundial,[12] conta como os prisioneiros organizavam saraus poéticos em que cada um recitava diante dos outros os poemas ou os trechos de poemas de que se lembrava. Percebemos, com isso, a urgência vital da arte em nossas vidas de indivíduos. A melhor maneira de provocar em alguém o esquecimento de sua individualidade seria levá-lo a perder o gosto por todas essas obras que são as aliadas de sua interioridade. Uma bela música, um belo filme ou um belo romance provocam uma emoção que ressoa em mim, ou melhor, que faz ressoar esse eu ao despertar sua paixão. Ora, o que a obra de arte desperta em mim é uma tonalidade afetiva que resulta justamente do patético. Claro, também existem ótimas obras cômicas, as de Molière, por exemplo. Mas isso não constitui uma objeção.

Cômico e patético

De um lado, o cômico e o patético são as duas únicas tonalidades que a arte conhece. A oposição entre o cômico e o patético não é de forma alguma a mesma coisa que a oposição entre o ale-

---

12 Robert Antelme, *L'Espèce humaine* [A especie humana, Editora Record, 2013].

gre e o triste. Há alegrias que de forma alguma são cômicas e que seriam até mesmo patéticas. Por exemplo, a alegria intempestiva de um homem que dissimularia o vazio de sua existência sob uma contínua explosão de riso. Ao contrário, há tristezas que nada têm de patético e que são apenas aborrecidas. Alegria e tristeza não têm, em si mesmas, nada de particularmente existencial. Um mau diretor pode usar uma história triste para fazer um filme dilacerante destinado a fazer seu público chorar. Mas, se não conseguir restituir o caráter patético dessa história, não terá proposto nada melhor que um melodrama triste que se revelará cômico apesar de tudo. Uma obra de arte pode, portanto, ser cômica ou patética e também pode misturar as duas como nas tragédias shakespearianas, mas não pode fazer uso de outro registro.

De outro lado, o cômico e o patético expressam a mesma coisa, mas de uma maneira diferente. Eles não se opõem, na verdade se encontram. O que o patético expressa à sua maneira, o cômico o expressa de outra. Mas em ambos os casos é a mesma realidade que é expressa:

> "O trágico e o cômico são a mesma coisa, na medida em que ambos indicam a contradição, mas o trágico é a contradição sofredora, o cômico a contradição indolor." (*Post-scriptum aux Miettes philosophiques*, p. 347)

Ambos mostram, na realidade, a mesma sensibilidade à contradição. Se o cômico é indolor, é apenas porque a contradição que ele revela é acidental e que temos, então, os meios para sair dela. Por que, em geral, nossa tendência é sorrir ou rir quando vemos alguém escorregar em uma folha? Porque é nesse desajeito que a contradição da liberdade e da necessidade se revela de maneira exemplar: meu corpo, que em geral obedece ao meu livre-arbítrio, me deixa na mão de uma hora para outra por causa de uma miserável folha. E como é engraçado!

Mas essa contradição permanece acidental e, portanto, temporária. Não se passa o mesmo com o que Kierkegaard chama de "humor". Este último evolui em uma esfera superior porque evidencia uma contradição que nada tem de acidental e que nos remete diretamente à contradição de nossa existência. O humor está, assim, ligado a uma visão patética da existência, que só nos faz rir ou sorrir porque decidimos considerá-la no sentido contrário. Por exemplo, quando voltamos nosso olhar ao sentimento de eternidade que nos atazana, é patético reconhecer que devemos morrer. À luz dessa eternidade reivindicada, a morte sempre parecerá escandalosa. Mas se, como Woody Allen, olhamos essa contradição no outro sentido, ela logo se torna engraçada: "A eternidade é um tempo muito longo. Especialmente no final!" Aqui, o que o humorista aponta é a maneira pela qual nossa condição temporal nos torna rigorosamente incapazes de alcançar a eternidade. O ponto de partida não é mais a eternidade, mas o tempo. Esse tempo que pode ser longo ou curto, que é limitado por um começo e um fim... assim que tentamos imaginar a eternidade, somos então forçados a etiquetá-la com categorias que decididamente não convêm.

Nosso esquecimento da finitude

A dimensão patética de nossa existência não torna a vida desinteressante. Pelo contrário, é o que lhe dá intensidade. Mas, para ser capaz de experimentar essa intensidade, seria então necessário redescobrir o hábito de sermos sensíveis à contradição de nossa existência. Ora, foi isso que se tornou tão difícil para nós. Não é de fato nossa culpa, no mais. Em nossas sociedades modernas, o infinito não é mais nosso padrão. Desse modo, a morte muito naturalmente também deixou de aparecer como nossa marca distintiva. É claro que ela ainda permanece o quinhão de cada um, mas não serve mais para circunscrever nossa condição de seres humanos. Foi assim que, para nós, ela perdeu a dimensão central que conservou enquanto os indivíduos tiveram o hábito de indexar sua existência em uma exigência de eternidade. Simbolicamente, a morte tornou-se um fenômeno que preferimos esconder. Quando pensamos que um discurso ou uma obra é "mórbido", geralmente não é um bom sinal. Cada um de nós sabe (como ignorá-lo?) que deve morrer um dia. Hoje, porém, não fazemos mais desse destino de mortais o significado último de nosso destino de seres vivos. Em outras palavras, não pensamos mais em nossa existência sob o signo desse espinho plantado na carne.

E qual é o resultado? Existe uma grade de leitura melhor que a finitude para pesar a existência de um ser humano? Lembremos a famosa tirada de Hamlet segurando na mão o crânio descarnado do bufão Yorick:

> "Ai! pobre Yorick!... Eu o conheci, Horácio! Era um rapaz de uma verve infinita, de uma fantasia requintada; carregou-me nas costas mil vezes. E agora como horroriza minha imaginação! Meu coração se sobressalta. Aqui estavam os lábios que eu beijei não sei quantas vezes. Onde estão as galhofas agora? as escapadelas? as canções? e os lampejos de alegria que faziam a mesa explodir de tanto rir? E agora! nem mais uma palavra para que zombe de sua própria careta? nem lábios?... Vá então ao encontro da senhora em seus aposentos e diga-lhe que, mesmo passando um pouco de pó, acabará tendo esse mesmo rosto! Faça-a rir com isso... (Shakespeare, *Hamlet*, ato V, cena 1)

Tais considerações certamente transmitem uma visão patética do destino humano. "De que serve pensar nisso?", será a resposta. Estamos cansados de sabê-lo, inútil estragar a vida com uma perspectiva tão deprimente." Com certeza. Mas não pensar nisso não é se dedicar a levar uma existência leviana, dilapidando nossa vida em empreitadas sem interesse, como se nosso tempo não fosse contado e tivéssemos o privilégio alucinante dos semideuses? Ao que se assemelha, então, a vida de um ser humano que não experimenta mais o sentimento obcecante de sua finitude? O que, então, substituirá a morte na maneira como agora contamos nosso tempo e apreciamos nossas ações?

"De todos os ridículos deste mundo, o maior, parece-me, é o de estar atarefado, de ser um homem com pressa para comer, com pressa para agir. Além disso, quando vejo, no momento decisivo, uma mosca pousar no nariz de um homem assim, ou se um carro o ultrapassa e o enlameia em uma pressa ainda maior, ou se a ponte Knippel se ergue à sua frente, ou se uma telha lhe cai na cabeça e o mata, eu rio de todo o coração. E quem poderia deixar de rir? O que esses agitados incansáveis podem fazer? Não se parecem com essa mulher, surpreendida pelo incêndio em sua casa, que em pânico salvou os pregadores? O que salvam de melhor, francamente, do grande incêndio da vida? (*Ou bien... Ou bien...*, p. 22)

O culto moderno da tecnologia

O esquecimento dessa finitude acompanha-se naturalmente de uma crença imoderada nos poderes da tecnologia. Liberto de sua finitude, o homem moderno se considera "mestre e possuidor da natureza", como dizia Descartes. O progresso tecnológico mantém, assim, nossa ilusão de poder nos libertar da necessidade. A medicina nos cura melhor, a agricultura é mais produtiva, a informática nos permitiu fazer progressos consideráveis etc. Seria interminável a lista das gloriosas conquistas da tecnologia. Tudo acontece como se, tendo seu destino em mãos, o ser humano tivesse começado a rejeitar a necessidade para afirmar sobre ela sua liberdade soberana. Até a relação que mantemos com nosso corpo testemunha essa vontade de potência: não nos sentimos mais, como antes, obrigados a respeitar uma suposta natureza na qual deveríamos reconhecer nossa condição imutável. "Assumir sua idade" não é mais uma obrigação. Os avanços na cirurgia estética e na terapia permitem a um homem de sessenta anos parecer dez anos mais jovem e ter a vitalidade sexual que tinha aos quarenta.

Se essa confiança abusiva no progresso tecnológico deve ser considerada ilusória, é sobretudo porque se baseia em uma confusão. O que a tecnologia permite combater não é a necessidade de que Kierkegaard fala, mas a coerção. A coerção é uma necessidade particular que pesa porque contraria nossos desejos. A velhice é, assim, uma coerção na medida em que a consideramos ruim. Da mesma forma, a doença é uma coerção na medida em que nos impede de viver uma vida normal. A tecnologia, com certeza, nos oferece os meios para combater essas coerções. Mas sem deslocar um centímetro que seja a necessidade que pesa sobre nossas existências!

A necessidade, no sentido geral do termo, designa o conjunto daquilo que é regido pelas leis causais do universo: se uma telha que cai do terceiro andar de um prédio o atinge na cabeça, é muito provável que você não saia vivo. Assim comanda a lei da queda dos corpos. Quando um carro a 100 quilômetros por hora se choca contra uma grade de segurança, também é provável que o motorista morra. Essas leis causais são tão pouco combatidas pela tecnologia porque, ao contrário, ela se baseia nelas. "Só se comanda a Natureza obedecendo-a", escreveu Francis Bacon. Com isso, ele queria dizer que só se pode mudar tecnicamente o curso da natureza submetendo-se às suas leis.

Portanto, a única coisa que o progresso tecnológico faz na realidade é nos libertar de certas necessidades que nos pesam criando outras que consideramos mais suportáveis. A necessidade de envelhecer é combatida pela necessidade de uma vida medicamente assistida, a necessidade de se deslocar a pé é combatida pela nova necessidade de prestar atenção quando atravessamos a estrada, a necessidade de escrever à mão é combatida pela necessidade de aprender a usar um computador. E é bem comum que essas novas necessidades acabem também criando novas coerções das quais também queremos nos libertar: uma pessoa vai querer morar próximo ao seu local de trabalho para não ficar preso nos engarrafamentos; outra vai se ver na difícil obrigação de proteger dados confidencias abertos aos quatro ventos pela rede de internet etc. Como podemos ver, a marcha do progresso tecnológico está muito longe de reduzir a necessidade que pesa sobre nossas existências.

Ao querer pensar que o indivíduo teria o poder de vencer a necessidade, ou até de reduzi-la um tanto que seja, a época moderna se vê confrontada a um terrível problema: que relação ela pode manter com as coerções que ainda não conseguiu vencer? Por exemplo certas doenças ou certas deficiências. À luz de uma visão moderna, todos esses símbolos familiares de uma finitude irrevogável não passam de problemas que exigem remédios imediatos. Quando não sabemos mais curá-las, também não sabemos mais aceitá-las. Em vez de aparecer como testemunhas obstinadas de nossa finitude, como eminentes portadores da condição humana, todos esses doentes sem remissão, esses braços quebrados, esses idosos, essas pessoas com deficiência emparedadas em um corpo a que se recusa estão condenadas a serem tratadas como figuras marginais, verdadeiras exceções à norma dominante de uma humanidade conquistadora que dispõe pretensiosamente dela mesma. O único limite que encarnam doravante é o do poder médico, limite bastante acidental e provisório, que torna o destino deles ainda mais absurdo e insuportável.

Questões vitais

1. Como pode gostar de ler um livro ou assistir a um filme que faz você chorar? Que prazer encontra nisso? Por que diz: "Que belo!"? Não há nada de belo no infortúnio! É verdade que o que é belo não é infortúnio, mas apenas o patético. Em outras palavras, é porque você toma consciência de que o sofrimento dos personagens é um sofrimento existencial, portanto patético, que você não consegue deixar de se reconhecer nele.

2. Você percebe o trágico por trás do riso? Em nossa sociedade moderna sempre apressada e que nos leva a correr ainda mais, proibindo-nos um tempo de verdadeira introspecção, o riso não é mais um meio de nos lembrar que nossa existência está destinada à finitude?

3. Você tem medo da passagem do tempo, da doença, de todas essas coisas que nos remetem à nossa finitude? Não acha que nossa sociedade nos leva a acreditar que temos todo o poder sobre nossa vida, até que nossa vida nos prove o contrário? Que podemos desacelerar a velhice, superar a doença? Até que ponto você tem a impressão de ter o controle de sua vida?

4. É surpreendente e, às vezes, cômico, observar como pessoas que não costumam frequentar pessoas com deficiência acreditam que estão sendo corretas agindo como se estas fossem "normais". A intenção é generosa, mas procede da convicção de que o outro não poderá ser tratado como igual a menos que possa ser identificado com aqueles que dispõem de toda a autonomia. Não deveria ser o contrário? Não cabe a eles se reconhecerem em nós; mas a nós aprender a vê-los como realmente somos: seres frágeis e passíveis de quebrar.

III

Os meios de agir

Redescobrir a nobreza de uma vida ética

Estamos tão acostumados a viver uma vida perfeitamente abstrata, quando não simplesmente anônima, que nos tornamos incapazes de fazer um julgamento tão simples quanto este: nossa existência é *patética*. Nem é preciso uma grande bagagem intelectual para fazer essa constatação. Nem é preciso também ser um esfolado vivo, de sensibilidade à flor da pele. Basta observar como a vida de uma pessoa pode ser arruinada em um piscar de olhos. Quantos acidentes inesperados destruíram, em um simples instante, nossas carreiras e nossos êxitos mais estabelecidos? Diante de alguém que ouse tal lembrança, queremos exibir um bom humor indestrutível, respondendo que nem tudo é tão sombrio: "Vamos lá! Não seja tão pessimista! A vida também tem seu lado bom! Não seja tão categórico e pese os prós e os contras!" Essa maneira de contar no varejo pode assumir um ar de clarividência superior. Mas, no geral, não é essa uma forma ainda mais radical de pessimismo? Pois assumir assim o "lado bom" da vida é uma maneira de nos contentarmos a um custo menor. Por falta de beatitude, sim, podemos ao menos ter um pouco de felicidade; sem demasiada aflição, alguns bons momentos, "quando a saúde vai bem tudo vai bem" etc. Mas não é este o sinal de que estamos desencorajados, corroídos pelo pessimismo, para não esperar da vida mais que esses prêmios de consolação?

Então, para tornar nossa vida mais tolerável encontramos outros meios, puramente imaginários, de aliviar nossa sede de infinito. A ficção é tão acolhedora! Nela, ao menos, podemos existir intensamente, ainda que só virtualmente. Assim, quanto menos esperamos da vida, mais exigimos do sonho. E é uma verdadeira orgia, um comércio extraordinário! O que seríamos hoje sem nossos vendedores de sonhos? Nossa maneira de festejar filmes ou de não saber mais andar na rua sem fones para ouvir uma música é como uma droga. Que necessidade temos de viver grandes histórias de amor, quando dominamos tão perfeitamente a arte de dar a meros namoricos o brilho de uma grande aventura? Já não é uma vida, mas um espetáculo. Podemos enganar o tédio dando a cada evento, até o mais trivial, a aparência poética de uma grande epopeia ou de uma experiência maravilhosa:

> "Às vezes encontramos um inglês em viagem que é como a personificação dessa genialidade, uma pesada e imóvel marmota cuja riqueza linguística consiste em um único monossílabo, uma interjeição, pela qual ele sabe expressar sua admiração suprema e sua mais profunda indiferença, porque admiração e indiferença se uniram no indiferentismo da síntese do tédio. Além da nação inglesa, [...] os únicos seres análogos que conheço são os apóstolos do entusiasmo vazio que, também eles, viajam pela vida com o auxílio de uma interjeição, pessoas que em todo lugar se portam como entusiastas e estão em todo lugar, e, tanto faz que aconteça algo importante ou insignificante, elas gritam: "eh!" ou "oh!", pois para elas a diferença entre o que é importante e o que é insignificante se apagou no vazio do entusiasmo cegamente ruidoso." (*Ou bien... Ou bien...*, p. 227)

Transformar nossa vida em espetáculo, tornando-a um objeto permanente de contemplação estética, não é, afinal, a maneira mais segura de se ver viver ao invés de viver realmente? Ninguém pretende que enfrentar o "o duro ofício de viver", como o escritor Cesare Pavese o chamou, seria uma tarefa fácil. Aqueles que prometem, com algumas receitas definitivas, aliviá-lo milagrosamente do peso patético da existência se assemelham bastante aos vendedores de falsos antídotos. Se houvesse um meio infalível de nos livrar da dor causada pela passagem do tempo, uma técnica para, enfim, nos ensinar a arte de sermos plenamente nós mesmos, já se saberia.

Com certeza há algo de desesperador nessa constatação. Mas ela é também o que dá à nossa vida seu interesse supremo. De fato, nossa paixão de existir testemunha a presença de um absoluto sem o qual nossa vida não teria mais envergadura que a de um inseto. Pois, em sua feliz despreocupação, em sua perfeita coincidência consigo mesmo, em sua incapacidade para pesar sua vida na balança da eternidade, o inseto está mais bem servido que nós. Nasce, atravessa o tempo e morre em uma total satisfação, sem ideal a perseguir. Mas é desse ideal de beatitude que vem nossa grandeza!

Devemos, pois, servir ao ideal. E como esse ideal é impossível de alcançar, devemos ao menos nos tornar dignos dele o máximo que pudermos. Esse programa nos obriga a pensar nossa existência não mais na perspectiva da felicidade, mas na da ética, "que não pode consistir em abstrair da existência, mas, ao contrário, em dever existir, o que é também o supremo interesse daquele que existe".[13] Chegou a hora da ação: sermos incessantemente nós mesmos, da maneira mais ética possível.

---

13 *Post-scriptum aux Miettes philosophiques.*

Não fazer de nossa vida uma ficção

A primeira qualidade de uma existência ética é ser realmente uma existência, e não uma simples possibilidade de existência. Trata-se, então, de enfrentar corajosamente a passagem do tempo, sem buscar se excluir vivendo uma vida por procuração, o que estamos muito inclinados a fazer. Sonhar sua vida, dando-lhe as cores vantajosas de uma ilusão romanesca é uma tentação natural que devemos aprender a combater com urgência.

A ficção não é um modelo

Se gostamos tanto da ficção, é porque ela nos oferece o meio barato para satisfazer nosso ideal de beatitude. Em vez de assumir a realidade como ela é, basta ao poeta elevá-la em imaginação ao nível do ideal. A ficção, portanto, não nos livra realmente do sofrimento da existência; contenta-se – o que já é muito – em nos fazer esquecê-la por um momento:

> "Um poeta sofre muito na existência, mas levamos em conta a obra poética produzida por esse meio. Assim o poeta existente, que sofre na existência, não compreende também, no entanto, o sofrimento, não se aprofunda nele, mas, estando no sofrimento, busca sair dele e encontra na criação poética, na antecipação imaginativa de uma ordem de coisas mais perfeita (mais feliz), um abrandamento. Da mesma forma um ator, sobretudo um ator cômico, também pode às vezes sofrer na existência, mas não se aprofunda no sofrimento, busca sair dele e encontra alívio nas mudanças de personalidade que sua arte favorece." (*Post-scriptum aux Miettes philosophiques*, p. 300)

Mas um analgésico não é um medicamento. Acalma a dor sem curar o doente. No entanto, quando levamos uma vida de esteta, forçamos a ficção a assumir um papel existencial. Nossa existência se revela, então, estética em um duplo sentido. Antes de mais nada, como vimos na primeira parte, ela se une a esse ideal estético que consiste em querer tornar-se o que se é. O desenvolvimento estético, lembre-se, é semelhante ao da planta. O esteta sempre tem a ambição, ao se unir a si mesmo, de encontrar sua felicidade, mas, desta vez, é na grande vibração de suas emoções estéticas que ele pretende alcançá-la. Daí o segundo sentido: de acordo com o significado derivado da palavra "estética" (que designa o campo da sensibilidade artística mais que o da sensibilidade em geral), a existência estética consiste em fazer da ficção um modelo para realidade. Em outras palavras, nada menos que a tentação de fazer da estética (a teoria da arte) uma nova ética (a teoria da vida boa)!

É ao movimento romântico da primeira metade do século XIX que devemos essa nova tendência. Kierkegaard era a um só tempo o contemporâneo e o observador mitigado. Porque, de um lado, foi realmente em nome de um ideal de absoluto que os artistas boêmios questionaram os valores de uma vida tristemente burguesa; mas, do outro, também foram enganados por um modelo estético que os obrigava a viver a vida como se vivessem em um romance. E neste ponto, continuamos por demais parecidos com eles. Demonstrar "romantismo" permanece para nós, sobretudo no amor, uma recomendação incontestável.

A coerção do instante

Ora, ao considerar a ficção como modelo, condenamo-nos a transformar insidiosamente nossa existência em uma existência de fantasia, ou seja, em uma simples possibilidade de existência. Pois a beleza estética é essencialmente uma beleza do instante em que, vez por outra, eternidade e tempo se deixam reconciliar. Um beijo impetuoso, um pôr do sol melancólico, o sorriso de uma criança etc., a vida nos oferece muitas oportunidades para realmente nos emocionar. Mas esses instantes são, precisamente, apenas instantes! São para nós como uma parada repentina do tempo, um cume suspenso acariciado pela asa benevolente do absoluto.

Um artista não tem muita dificuldade para trazer à tona esses momentos, pois em sua obra-prima ele é mestre do tempo: pode acelerá-lo ou desacelerá-lo como quiser, fazendo de dez anos de uma vida um instante único narrado em algumas páginas ou, ao contrário, dilatando o instante da paixão amorosa na duração de toda uma existência. Já para nós, ao contrário, esse tempo é nosso mestre. O intenso prazer sentido durante uma noite na companhia de quem amamos será necessariamente fugaz. Mesmo que tantas vezes desejemos – desesperadamente – esticá-lo infinitamente, isso nos *é* de todo impossível. Nada nos garante que Romeu e Julieta, se tivessem permissão para viver mais, teriam se amado por toda a vida com o mesmo amor exaltado. O mais provável é que acontecesse com eles o mesmo que com todos os outros casais: apesar de todos os artifícios que poderiam ter adotado para prolongar seu primeiro estado de alma, este último não teria sobrevivido por muito tempo à repetição monótona do cotidiano.

Dar um basta ao carpe diem*!*

"Não seja por isso, talvez você responda. O importante não é prolongar o instante, mas vivê-lo em toda plenitude." É verdade que, mesmo durante apenas uma estação, existem beatitudes de um instante, como um momento louco de abraço apaixonado, pelas quais estaríamos prontos a sacrificar toda a felicidade serena de uma existência rotineira! Poder dizer a si mesmo: "Amei muito, de verdade!" e fazer desta preciosa lembrança o talismã de toda uma vida. Em nossa busca de absoluto, parece, então, que nos apossamos do *"carpe diem"*, esse velho lema de Horácio segundo o qual é importante colher o instante presente da vida, esse momento evanescente imobilizado entre ontem e amanhã, que logo não será mais e que devemos nos esforçar para desfrutar hoje, tornando-o um grande momento poético. Perto do final da vida, poderíamos, assim, nos dizer: "Tive uma vida bem plena!", ao somar apenas aqueles instantes que de fato nos importaram.

Mas é assim que convém pesar a vida de uma pessoa: adicionando pedaços de vida? Se sim, então existir significa existir apenas um momento. E o tempo da paixão torna-se também a paixão de um instante. Se apenas o instante está conforme o ideal, em nome do que deveríamos aceitar nos comprometer com o tempo? "Não, decididamente, concluirão, por exemplo, alguns, não precisamos de casamento. Vamos nos amar loucamente, apaixonadamente, somente neste espaço de tempo que nos é dado! Não vamos deixar nossa paixão se perder na rotina de uma existência conjugal."

Tal concepção que pretende conservar o instante em sua pureza virginal não se acomoda muito bem a uma existência temporal. Ela encontra sua razão de ser no descontínuo, nas impulsões recebidas, que permanecem impulsões para agir durante o tempo, mas não muito além dele, que dura a emoção estética que as inspira. A vida se assemelha, assim, a um esboço de existência, feito de realizações abortadas e de ambições neutralizadas:

> "É uma existência de fantasia na paixão estética, portanto uma existência paradoxal e que encalha no recife do tempo; essa possibilidade de existência é, no seu máximo, desespero. Não é, portanto, existência, mas possibilidade de existência na direção da existência, e chegando tão perto dela que temos a impressão de ser perdido cada instante que não nos leva ainda a uma decisão." (*Post-scriptum aux Miettes philosophiques*, p. 168)

Tal vida não constitui realmente uma existência concreta, pois nada de concreto jamais dela resulta. Em outras palavras: não fazemos desse amor que nos anima uma impulsão para agir. Contentamo-nos com vivê-lo, simplesmente, como saboreamos uma emoção pelo tempo que ela permanece presente.

O desespero de uma vida sem duração

É fácil compreender por que Kierkegaard destina tão rapidamente a existência estética ao desespero. Pois a dolorosa consciência do caráter efêmero de nossa existência é ali levada a uma dimensão que a torna literalmente insuportável. De tanto querer "apoderar-se do instante presente", condenamo-nos a sentir mais do que qualquer um a sua terrível evanescência. Por falta de um verdadeiro engajamento, nosso presente jamais tem outra dimensão que a do provisório e não dispomos do tempo necessário para levar a cabo verdadeiros projetos.

O mesmo se passa em nossa vida cotidiana. Todos os dias, na televisão, novas notícias substituem as outras. Quer se trate de fatos diversos, quer de devastações climáticas, quantos inícios de histórias já contaram sem que você jamais saiba a continuação? Isso satisfaz nossa insaciável sede de espetáculo, mas sufoca o presente ao privá-lo de qualquer direito de ser um presente duradouro, de modo que a vida política não é mais que uma agitação superficial, em que as promessas anunciadas e os movimentos de queixo substituíram as visões de longo prazo:

> "Não é a melancolia o vício da época, não é ela que ressoa mesmo em seu riso inconsciente, não foi ela que nos tirou a coragem de comandar, a coragem de obedecer, a força de agir, a confiança na esperança? [...] Tudo, menos o presente, foi extirpado, e o que há de surpreendente quando o perdemos no temor contínuo de perdê-lo?" (*Ou bien... Ou bien...*, p. 364)

Em outras palavras, a vida estética é uma vida sem história. Ela tem muitas histórias para contar, porque sempre lhe acontecem boas histórias! Mas entre elas não há continuidade suficiente para dar sentido ao vir a ser. O tempo presente tornou-se, assim, para nós, tão ininteligível que buscamos seu sentido na história do passado. As livrarias estão repletas desses livros de história que, relacionando nosso presente com a história de nosso passado, tentam virtuosamente restituir parte de seu sentido aos nossos tempos desorientados. Do mesmo modo, nossa própria história pessoal se decompõe em uma miríade de sequências cujo sentido procuramos freneticamente, o que as une entre si, esquadrinhando nossa infância ou nossa genealogia.

Reencontrar o tempo pela repetição

Todos nós sentimos essa necessidade de trazer coerência, continuidade para nossa vida. Como poderíamos, com efeito, ficar satisfeitos ao ver nela apenas uma repetição infinita de momentos adicionados sem relação uns com os outros? Como fazer para instalar o tempo na duração?

> "Mesmo quando alguém alcançou o objetivo supremo, a 'repetição', com a qual ele deve, como sabemos, preencher sua existência, se não quiser regredir (ou se tornar um ser fantástico), será novamente um esforço contínuo, porque a conclusão é aqui mais uma vez afastada e adiada. O mesmo se passa com o amor assim como concebido por Platão, na medida em que é uma necessidade que não é sentida somente por aquele que deseja o que não tem, mas também por aquele que deseja continuar possuindo o que tem." (*Post-scriptum aux Miettes philosophiques*, p. 81)

Um atleta de alto nível saberá muito bem ao que Kierkegaard se refere aqui. Atingir esse nível exigiu-lhe muitos esforços e muitos sacrifícios. Mas ele está bem ciente de que só conseguirá mantê-lo *na duração* à custa dos mesmos esforços e dos mesmos sacrifícios renovados cotidianamente. Sabe muito bem que o topo onde, enfim, ele poderá tranquilamente descansar não existe. Uma vitória é fácil; difícil é repeti-la. Portanto não é verdade que após o esforço vem o reconforto. Para conservar o que se tem, o esforço deve seguir o esforço, sem parar. É o que Kierkegaard chama de "repetição".

O mesmo se passa em muitas de nossas histórias de amor, que terminam um pouco cedo demais por causa de uma ilusão comum: os dois amantes fazem do casamento ou do nascimento dos filhos o resultado de seu amor. Eles não veem mais interesse em prosseguir com todos os esforços que fizeram para chegar lá continuando a seduzir e a surpreender o cônjuge como quando eram dez anos mais jovens. "Para quê? dizem a si mesmos. O essencial está feito! Nós nos casamos, encontramos o amor." Mas falar assim, no passado, já é transformar algo em passado. Se o amor é um impulso, uma tensão em direção à beatitude, então ele não pode de forma alguma ser um estado estável e definitivo. Pois, se parar, ele morre. Então como a passagem do tempo nos distancia cada vez mais desse antegozo da beatitude que experimentamos nos primeiros instantes da paixão, devemos esforçar-nos, a todo momento, para reencontrá-lo. É apenas a esse preço que o amor pode durar.

Portanto não é porque conseguimos seduzir a mulher ou o homem que amamos que saberemos necessariamente como nos instalar duradouramente nesse amor. Nesse sentido, não podemos confiar em nossa primeira emoção ("o amor romântico"), que não é senão uma impulsão passageira. Como fazer, então, para durar? Não um dia ou uma semana, nem mesmo alguns meses, mas dez, vinte, trinta anos, talvez uma vida inteira. O segredo não está tão bem guardado: pequenos gestos cotidianos valem mais que gentilezas heroicas. De que serve querer trazer a lua para o ser amado em ocasiões especiais se nas pequenas somos incapazes de prestar a menor atenção?

> "O amor romântico se deixa muito bem representar no instante, mas não o amor conjugal; pois um esposo idealizado não é alguém que o é uma vez na vida, mas alguém que o é todos os dias. Quando desejo representar um herói que conquista reinos e países, isso pode ser muito bem feito no instante, mas um cruzado, que todos os dias ergue sua cruz, nunca se deixa

representar, nem pela poesia nem pela arte, porque o essencial é que ele o faça todos os dias. (*Ou bien... Ou bien...*, p. 447)

Você vai me dizer que esse cotidiano pacientemente alimentado com pequenos gestos é menos belo. Como dizia o autor satírico P.J. O'Rourke: "Todo mundo quer salvar o planeta, mas ninguém quer ajudar sua mãe a lavar a louça". É verdade que em relação ao amor romântico, que ainda é nosso ideal, o amor conjugal apresenta todas as imperfeições. Mais nos distanciamos do resplandecente auge do instante, mais nos instalamos no tempo, menos o absoluto imprime ostensivamente sua marca. No instante, tudo era perfeito! Na duração, o amor nunca deixa de lutar contra o tempo. Mas ele não abandonou sua aspiração desmedida, uma vez que, precisamente, tenta inscrever-se na continuidade! É menos belo que uma grande paixão romântica, com certeza. Mas com o que se pareceria uma "grande paixão" que não se propusesse também a durar? O que a distinguiria, então, de uma paixonite, de um flerte, de um namorico? "Você está apaixonado, alugado até agosto",[14] ironizava Rimbaud. O amor conjugal se esforça assim, nem mais nem menos, para cumprir as promessas do amor romântico. Desde então, esse esforço contínuo, concreto, para inscrever o amor na duração se torna muito mais que um gasto gratuito de energia:

> "Esforço contínuo é a expressão para a concepção de vida ética do sujeito existente." (*Post-scriptum aux Miettes philosophiques*, p. 81)

Essa insistência na noção de esforço, de repetição, é uma característica essencial de toda a vida ética. A perspectiva da vida estética de tentar apenas se tornar o que somos nutre a ilusão de um ponto final, de uma linha de chegada a partir da qual poderíamos, enfim, desfrutar tranquilamente de nós mesmos na plena satisfação daquele que, por fim, teria se encontrado. Mas é uma ilu-

---

14 Arthur Rimbaud, "Roman", *Cahier de Douai*.

são, pois essa plenitude que, enfim, nos devolveria a nós mesmos, não podemos senão estendê-la indefinidamente em um esforço permanente que é a própria definição do amor. Devemos, dessa forma, mudar radicalmente a relação costumeira que mantemos com nós mesmos. Em vez de acreditar que temos de descobrir o homem que somos, seria muito mais lúcido compreender que temos de nos *tornar* esse homem que, precisamente, não somos. O que pressupõe, de nossa parte, uma escolha e uma resolução.

Ação filosófica

1. Na próxima vez que embarcar em um projeto, não se deixe levar pelo entusiasmo. Lembre-se de que a resolução que está mostrando no instante não vai durar e que é melhor verificar antes a solidez de suas razões. Por exemplo, não decida casar-se ou ter filhos apenas porque os deseja ardentemente no instante. Você precisará de razões muito mais sólidas para assumir um engajamento tão longo. Antes de qualquer engajamento, coloque essas razões de forma explícita e pergunte a si mesmo se elas ainda valerão dentro de dez anos.

2. Um amor virtual é sempre mais envolvente que um amor concreto, pois ainda está livre de qualquer contato com a realidade. Um projeto profissional é sempre mais atraente quando você ainda pode sonhar com ele. Depois que começar a realizá-lo, muitas dificuldades surgirão. Não veja sobretudo nessas dificuldades a prova de que escolheu a direção errada e de que deve, então, seguir outra direção. Pelo contrário, essas dificuldades são o sinal de que está realmente avançando.

3. Reserve um tempo para realizar seus projetos. Instale-os desde o início na duração definindo prazos e tarefas cotidianas. Você não conseguirá realizar grandes coisas em poucas semanas. Seu cotidiano deve ser organizado em função desses projetos, para que possa realizá-los na duração. Caso contrário, você vai querer parar mais cedo.

Escolher-se verdadeiramente

Assumir que nossa identidade não nos é dada mas que continua sendo uma tarefa, permite-nos compreender que sempre somos responsáveis pelo que nos tornamos. Buscar desculpas seria negar nossa liberdade para não apenas fazer isso ou aquilo, mas sobretudo esta nossa incrível liberdade para *nos* escolher. Sem ela, não poderíamos ter responsabilidade ética.

A estética: um ideal de não escolha

É impossível, com efeito, nos esquivarmos de tal escolha: uma vez que não podemos ser simplesmente o que somos, uma vez que querer coincidir consigo mesmo é sempre um desafio, pertence a nós necessariamente decidir quem seremos, escolher, diante dos outros, aquele que seremos. Não poderíamos estar mais distante de uma concepção estética da existência! Ao nos ordenar apenas que nos encontremos, nossa concepção estética da existência pressupõe que tomemos algumas decisões, mas essas decisões dependem, antes de mais nada, de uma capacidade de discernir o que seria bom para nós. Então nos perguntamos: "Esse homem é aquele que me convém?", "Estou certo em querer abraçar esta carreira?", "Devo partir? Ou quem sabe ficar?" etc. Nessa perspectiva, uma má escolha significa tão somente um erro de avaliação, uma pista falsa seguida por falta de clarividência.

Então o ideal que o indivíduo estético naturalmente busca é reduzir tanto quanto possível a obrigação que teria de escolher aumentando tanto quanto possível sua capacidade de discernir o que seria bom e vantajoso para ele. Na maioria dos casos, o que chamamos "escolher" equivale, assim, a simplesmente não escolher, uma vez que é apenas uma questão de encontrar a melhor resposta a um problema que nos colocamos. Se encontramos essa resposta, é evidente que em um piscar de olhos estamos dispensados de ter de escolher, uma vez que a solução se impõe por si só como a melhor decisão a ser tomada. Quanto menos dúvidas tivermos sobre a decisão certa a tomar, menos teremos, afinal, de decisão real a tomar.

Essa concepção é perfeitamente ilusória. Sobretudo porque nosso tempo é curto e porque muitas vezes precisamos escolher sem ter tido a possibilidade de examinar. Todos aqueles cujo ofício é tomar decisões sabem que o risco zero não existe. Para ser boa, uma boa decisão também deve ser tomada no "bom momento", o que às vezes significa: às pressas. Quando precisamos tomar uma decisão, raramente temos a liberdade de esperar por todas as informações úteis que nos permitiriam tomar a "melhor" decisão. Mas, mesmo que tivéssemos todo o tempo, nunca chegaríamos a nenhuma conclusão! Nossa reflexão nunca pararia, uma vez que, como vimos, buscamos a alquimia secreta de um eu realizado que simplesmente não existe...

Ser si mesmo: escolher-se com consciência

Supondo que esteja loucamente apaixonado, como posso ter a certeza absoluta de que esse amor é realmente aquele de que preciso e, mais ainda, a certeza de que devo viver para esse amor? Supondo que tenha um talento para pintar ou para escrever, o que me garante que minha identidade reside de fato nesse talento? Supondo que, com muita atenção, eu consiga descobrir meus desejos mais secretos, quem, então, pode me obrigar a me identificar com eles a ponto de acreditar que estou me negando se negá-los? Renunciar ao meu desejo de me tornar o grande guitarrista que eu acreditava destinado a ser seria, realmente, uma maneira de renunciar a mim mesmo? Por mais vigilantes que sejamos, sempre haverá uma margem de incerteza, um corolário inevitável de uma identidade para sempre incerta.

Portanto o problema não é que nos faltem informações sobre nós mesmos, mas que nosso "eu" simplesmente não existe até que o *escolhamos*. Uma vez que nunca podemos coincidir com nós mesmos, uma vez que não importa o que façamos temos a capacidade de nos distanciar de nós mesmos, de nossos desejos mais poderosos, de nossos afetos mais sinceros, de nossos talentos mais manifestos, qualquer resposta à pergunta "Quem sou eu?" depende de fato de uma escolha.

> "Ele diz: tenho talento para pintar; considero isso uma coisa fortuita; mas tenho espírito e sagacidade; considero isso como o essencial que não pode ser retirado de mim sem que me torne outro. Ao que eu responderia: toda essa distinção é uma ilusão; pois, se você não aceita esse espírito e essa sagacidade eticamente como uma tarefa, como uma coisa pela qual você é responsável, então eles não lhe pertencem essencialmente, porque, enquanto você não viver que esteticamente, sua vida permanecerá totalmente adventícia." (*Ou bien... Ou bien...*, p. 540)

Isso significa que todas as coisas que pensamos constituírem nossa identidade (nossos talentos, nossos desejos, nossas pulsões etc.) não serão *nossa* identidade enquanto não aceitarmos nos identificar com elas. Por exemplo, na psicanálise, aprender a assumir suas pulsões, a reconhecê-las como suas sem tentar recalcá-las atrás da barreira do nosso inconsciente, não tem o valor de um simples reconhecimento. Não é, como às vezes se pretende, reconhecer que essas pulsões são nossa verdadeira identidade, uma identidade que manteríamos dissimulada de nosso próprio olhar. Pois, enquanto não aceitarmos conscientemente, por um ato voluntário, nos reconhecer nelas, ou seja, *assumi-las*, elas não são rigorosamente as *nossas*. Ninguém tem, portanto, o direito de nos impor uma identidade que não escolhemos livremente assumir.

Forçar, por exemplo, um indivíduo que de forma alguma deseja declarar oficialmente sua homossexualidade, sob o pretexto benevolente de que se sentirá melhor depois, é um ato de violência singular. Ninguém tem o direito de decidir em seu lugar se ele deve ou não tornar essa orientação sexual um princípio identitário. Ninguém pode decidir por outra pessoa o que constitui sua identidade.

Somos livres para nos escolher

Este último ponto é importante, pois evidencia nossa inacreditável capacidade para permanecer livres de todo determinismo. "Não é culpa minha", será levado a dizer o delinquente que comparece em um tribunal. Virá, então, a lista de todos os determinismos familiares e sociais que, ao explicar como ele acabou tornando-se delinquente, contribuirão para aliviá-lo do peso de sua responsabilidade pessoal. Esta desculpa tem algum valor. Sabemos bem que muitos fatores (sociais, familiares, históricos etc.) pesam o tempo todo sobre nossas vidas. Reconhecer-lhes a presença faz parte do bom senso e parece evidente que todos esses fatores influenciam mais ou menos na nossa maneira de agir ou de pensar. Mas passar desta constatação para a ideia de que estaríamos determinados é dar um brusco salto qualitativo.

Estar "determinado" a agir não é o mesmo que ser "fortemente provocado a agir". Aquele que é fortemente provocado a agir, por exemplo, um homem que, sob a ameaça de uma faca, é levado a entregar seu dinheiro, sempre tem a possibilidade de se recusar a ponderar. A ameaça da faca não diminui em nada sua liberdade de escolha, mesmo que ela o provoque fortemente a tomar uma determinada direção, a saber, a entregar docilmente sua carteira. Portanto, uma provocação continua sendo uma provocação à minha liberdade. Por outro lado, ser "determinado" é ser completamente privado de liberdade, totalmente despossuído do meu livre-arbítrio. A provocação dirige-se à minha liberdade, pesa sobre mim na medida em que sou um ser livre; o determinismo dirige-se a mim na medida em que eu seria privado de liberdade, pesa sobre mim como uma coisa inteiramente passiva. Como podemos ver, não é de forma alguma a mesma coisa!

Afirmar que conservamos sempre a liberdade de nos escolher não é de forma alguma demonstração de um otimismo beato. É recusar o fatalismo de um determinismo que teria a pretensão de fazer de cada um de nós o fruto involuntário de sua história, de seu meio ou de sua cultura. Mas, se existe uma virtude da modernidade política na qual vivemos, é o de ter precisamente recusado tal concepção. Com efeito, os sistemas políticos herdados do século XVII são todos concebidos como organizações nascidas da livre iniciativa dos indivíduos. Essa característica define o que chamamos liberalismo político. Dentro do arcabouço teórico do liberalismo, o indivíduo é considerado como um ser soberanamente livre, liberto de sua história e de seu passado, decidindo livremente fundar uma sociedade com as outras pessoas.

Essa concepção tem o inegável mérito de libertar os indivíduos do peso esmagador que as tradições colocavam sobre eles. Se, hoje, os filhos têm o direito de exigir diante de seus pais a liberdade de dispor deles mesmos como bem entendem, de se casar com quem quiserem e de escolher o emprego que desejam, é em grande parte ao liberalismo que eles devem isso. Graças a ele, acostuma-nos a considerar cada indivíduo como um ser de pleno direito, existindo livremente para si mesmo. De fato, um indivíduo sempre guarda a possibilidade de aceitar ou de recusar as heranças que lhe foram transmitidas por sua família ou por sua comunidade. Nesse sentido, dispõe de uma liberdade infinita que não temos o direito de negar decretando que ele seria inteiramente o resultado de seu meio ou de sua história; um meio ou uma história da qual, portanto, ele não poderia querer distanciar-se sem ao mesmo tempo renegar a si mesmo. Essa concepção determinista é falsa: uma criança pode ter sido educada no respeito por certos valores familiares, mas esses valores transmitidos só se tornarão seus próprios valores se ela os aceitar primeiro. A história de seus pais não é ainda *sua* história enquanto ele não tiver escolhido assumi-la; os valores que lhe foram passados não são *seus* valores enquanto ele os rejeitar. O indivíduo não é, pois, determinado por sua educação, como se não fosse nada além de uma massa de modelar recebendo passivamente a marca de seus pais e de seus ancestrais.

Escolher-se não é inventar-se

Dito isto, o liberalismo participa aos olhos de Kierkegaard da mesma lógica perversa que todas as teorias modernas do indivíduo soberano.[15] Ele se expõe, então, ao mesmo defeito: o de negar soberbamente nossa finitude. Nesse caso, esse erro consiste em ignorar de maneira expressa o que significa concretamente, para qualquer indivíduo, a liberdade de se escolher:

> "Hoje em dia, admitimos certas coisas nos fenômenos da natureza que não poderíamos admitir nos fenômenos espirituais. No entanto, não queremos singularizar-nos, desnaturalizar-nos até não considerar mais a família como uma entidade, é preciso, assim, dizer que, quando uma de suas partes sofre, todas sofrem. Fazemos isso involuntariamente, por que, então, o indivíduo particular temeria tanto que um membro de sua família o desonre se não é porque sente que ele também sofrerá com isso? Com certeza o indivíduo é forçado a aceitar esse sofrimento quer queira ou não. Mas, como o ponto de partida é o indivíduo, e não a família, esse sofrimento forçado é máximo: sentimos que o homem não pode ser inteiramente senhor de suas relações com a natureza, mas deseja sê-lo o máximo possível." (*Ou bien... Ou bien...*, p. 125)

Expliquemos o que Kierkegaard quer dizer. Uma criança pode a seu modo recusar ou aceitar suas heranças, mas não pode inventar novas heranças. Queira ou não, a única família que tem é

---

15 Ver parte II, "Nossa orgulhosa presunção de indivíduos soberanos", p. XX.

a sua; a única cultura que possui é aquela que lhe foi transmitida. Ela pode romper com a herança familiar e se escolher contra ela; nesse sentido, tem uma liberdade infinita de escolher, mas não tem uma liberdade de escolha infinita. Não dispõe da liberdade de se inventar, como se tivesse se tornado seu próprio criador. Escolha o que escolher, é a essa família e a essa cultura que ela permanece profundamente ligada.

Seria, então, bastante ilusório supor que bastaria a um indivíduo renegar seus laços familiares ou sua cultura para se acreditar livre deles em um piscar de olhos. Romper com um irmão, uma irmã, um pai ou um filho, ou romper com um passado, tampouco nos livra do vínculo que temos com eles. Renegar nosso passado é mais uma maneira de nos situarmos diante dele. Portanto, rejeitar esse passado não pode significar que o esquecemos, como se ele tivesse a estranha propriedade de poder desaparecer. Não depende nem um pouco de mim que esse passado que rejeito não seja mais meu passado. Em vez de assumi-lo, posso renegá-lo, sim, mas essa renegação ainda pressupõe que haja algo a renegar! Acreditar que eu poderia, portanto, viver sem qualquer ligação com o passado é uma ilusão muito funesta. Ela me expõe a sentir a presença desse passado de uma forma tanto mais cruel porque acreditava ter-me libertado definitivamente dele. O esquecimento de nossa própria história não fez desaparecer essa história, mas ele, ao contrário, tornou sua ação sobre nós completamente incontrolável, pois agora ela está totalmente inconsciente. Quando nos acreditamos tão livres de todo o passado, não escrevemos mais nossa história, e sim a padecemos.

Do mesmo modo, não depende nem um pouco de mim que esse irmão que me recuso a ver não seja mais meu irmão. Posso romper com ele, não posso inventar outro irmão. Ao acreditar nisso, é inevitável que me exponha ao doloroso desmentido descrito por Kierkegaard: a vergonha que pode manchar o nome desse irmão a quem não vejo mais, com quem não tenho, no entanto, a menor relação há anos, recairá invariavelmente sobre mim, nem que fosse pela simples razão de compartilharmos o mesmo nome. É nesse sentido que Kierkegaard fala da família como uma "entidade" que não depende dos indivíduos. Desde que a psicanálise existe, conhecemos todo o quinhão de sofrimentos que herdamos de nossas relações familiares e, sobretudo, daquelas que mantemos com nossos pais. Mas, como bem observa Kierkegaard, se esse sofrimento assume hoje em dia proporções também neuróticas ("esse sofrimento forçado é máximo"), é, antes de tudo, porque não estamos mais realmente em uma situação de compreendê-lo. Acreditando que somos infinitamente livres para dispormos de nós mesmos, esse sofrimento afetivo assume a aparência de um verdadeiro "retorno do recalcado"![16]

Dar-se uma convicção

Escolher-se não consiste, assim, em escolher qualquer um, mas em escolher a *si mesmo*. Ora, não é isso que já fazemos espontaneamente, sem nem mesmo percebê-lo? Pois, no fundo, mesmo quando sucumbe à ilusão de ter-se "encontrado", toda pessoa na realidade não está "escolhendo-se"? Como fazer diferente, uma vez que não há outra maneira de fazer? Em certo sentido, isso é absolutamente exato. Mas, ainda que você sempre se escolha, permanece o fato de fazê-lo mais ou menos inconscientemente e, portanto, com maior ou menor resolução. Na maioria dos casos, você não se dá claramente conta dessa escolha. Aí reside a diferença essencial.

Pois é crucial que essa escolha implícita também se torne, em toda sua transparência, uma escolha explícita. A forte personalidade que atribuímos a certos indivíduos é ainda mais acentuada neles porque foi objeto de uma resolução consciente da parte de-

---

16 Um conceito cunhado por Freud, o "retorno do recalcado" designa a manifestação inesperada e frequentemente violenta de um conteúdo psíquico que foi censurado, "reprimido" fora da consciência.

les. Por exemplo, os comentaristas há muito criticam o aspecto teatral e forçado da personalidade de Rousseau, tal como emerge de suas *Confissões*. Jean Starobinski nela vê ao contrário, com razão, o modelo geral de uma autêntica construção de si mesmo:

> "Se existe representação em tudo isso, é aquela que a psicologia pode detectar em qualquer engajamento sério e deliberado: a consciência se dá uma convicção, se afasta das flutuações da existência irresoluta e se torna, a partir de então, incapaz de se entregar com simplicidade à insignificância atarefada da vida 'corrente'. Qualquer escolha é descomedida. Mas o caminho escolhido, aqui, corresponde a uma exigência profunda: a fidelidade de Jean-Jacques à sua origem e à sua categoria social."[17]

A descrição dada aqui por Starobinski é bastante exemplar: "a consciência se dá uma convicção". Em outras palavras, pela livre escolha que fazemos de nós mesmos, nos comprometemos a nos tornar alguém. A escolha que fazemos de nosso comportamento sempre se refere implicitamente a uma certa autoimagem ideal. "A escolha de si, relembra Kierkegaard, está presente por trás de qualquer decisão. Quando um homem, por exemplo, decide deixar a agitação da cidade grande para se estabelecer no campo com esposa e filhos, essa escolha não é uma simples decisão pragmática. Essa decisão se refere realmente a uma escolha de vida que reflete o indivíduo que ele pretende ser: não mais o executivo dinâmico prometido a uma carreira brilhante, mas um pai que vive simplesmente junto de sua família.

O problema é que, muitas vezes, ignoramos essa "escolha de si". Ela não é objeto de uma resolução consciente, o que não encoraja a pessoa a se mostrar particularmente fiel a ela mesma. Tomemos um exemplo para mostrar a que ponto essa questão tem implicações concretas. Qualquer pessoa, levada pela gula, pode ceder ao apelo de um último pedaço de chocolate. Sabemos bem

---

17 Jean Starobinski, *in* Jean-Jacques Rousseau, *OEuvres complètes*, B. Gagnebin (ed.), "La Pléiade", Gallimard, pp. XLVI-XLVII.

que isso não é muito bom para nossa silhueta e, embora desejemos idealmente manter nossa magreza, o fato é que essa vontade permanece demasiado vaga e implícita para que possamos resistir à tentação por muito tempo. É evidente que as coisas são bem diferentes quando *resolvemos*, ou seja, por uma convicção consciente, manter nossa linha. A tentação do pedaço de chocolate não é menos forte, mas estamos mais bem equipados para resistir a ela porque podemos apoiar-nos nos recursos de uma verdadeira resolução. Essa resolução assume o valor de uma missão, de uma tarefa que nos atribuímos.

O mesmo se passa com a escolha de si. Algumas pessoas têm uma autoimagem tão forte que manifestam uma admirável força mental em seu comportamento cotidiano. A acentuação dessa autoimagem não tem nada a ver com egocentrismo ou com o narcisismo. O egocêntrico está contente consigo mesmo assim como é, não tem particularmente o projeto de se tornar alguém. Está totalmente satisfeito com o que é. Pelo contrário, as pessoas de que falamos se apreciam não pelo que são, mas pelo que planejam tornar-se. E sua fidelidade para consigo mesmas é, portanto, uma fidelidade a um projeto.

Na década de 1960, o psicólogo Stanley Milgram havia proposto uma experiência, que se tornou famosa, para mostrar a submissão dos indivíduos à autoridade. Os resultados da experiência foram assustadores, pois mostravam que a maioria dos indivíduos era incapaz de resistir às ordens de uma autoridade legítima que os forçaria, pela administração de choques elétricos cada vez mais poderosos, pouco a pouco a matar uma vítima inocente. As únicas pessoas que demonstraram essa capacidade dispunham de um forte recurso interior. Qual era esse recurso? Uma autoimagem muito acentuada, resoluta, que lhes impunha a recusa de se tornarem o que absolutamente não queriam ser: assassinos.

Ação filosófica

1. Aceite, simplesmente, escolher a si mesmo. Mesmo que dispusesse de todas as informações necessárias sobre si mesmo, essa escolha ainda assim seria arbitrária. Aceite essa liberdade sem tentar coincidir com o que você supõe ser erroneamente sua identidade secreta.

2. Perceba que o que você escolhe ser é inevitavelmente uma maneira de também escolher o que você se recusa a ser. Ao se escolher, você também exclui certas possibilidades. Diga a si mesmo que essas renúncias também são parte integrante de sua identidade e que você deve absolutamente assumi-las. Caso se escolha na condição de mãe, não escolha apenas a maternidade, exclua também qualquer coisa que seja incompatível com essa escolha, por exemplo, o imenso gosto que poderia ter por longos momentos de silêncio e solidão. Caso contrário, sua escolha seria apenas metade de uma escolha, e você poderia, então, se arrepender amargamente do que perdeu.

3. Aceite que não é totalmente senhor(a) de si mesmo(a). Não pode escolher nem seu passado nem sua família. Também não se revolte se lhe parecer tarde demais para escolher uma nova profissão ou viver sua juventude. Você pode optar por viver uma vida de adolescente aos 40 anos. É uma escolha legítima. Mas não importa o que faça, não pode escapar da sua idade.

4. Em vez de se perguntar que tipo de homem ou mulher você é, pegue uma folha de papel e escreva claramente que tipo de homem ou mulher você deseja ser.

Para construir um caráter, você precisará de uma imagem ideal de si mesmo. Sem ela, jamais poderia ter sua identidade em mãos e não poderia impedir que as circunstâncias e o olhar inconstante dos outros o joguem de identidade em identidade.

Servir ao ideal

Ainda, assim, a obrigação de se escolher permanece algo um tanto vago. Como deveríamos concretamente agir? Há tantas possibilidades, tantas maneiras diferentes de se escolher! Cada um de nós é um emaranhado inextricável de talentos diversos, de gostos contrários, de pertencimentos entrelaçados, de possibilidades divergentes. Como fazer conscientemente uma escolha tão complexa?

Na realidade, como mostra Kierkegaard, esse problema não é realmente um. Pois a escolha ética que temos de fazer de nós mesmos reduz-se de fato a uma alternativa muito mais simples, um "ou, ou", que oferece apenas duas possibilidades: o bem ou o mal.

> O único "ou, ou" absoluto que existe é a escolha entre o bem e o mal, mas essa escolha também é absolutamente ética. [...] A escolha ética é, portanto, em certo sentido, muito mais fácil, muito mais simples, mas, em outro, infinitamente mais difícil. Aquele que de maneira ética deseja dar-se a tarefa de sua vida, não encontra em geral uma escolha considerável; em contrapartida, o ato de se escolher tem para ele uma importância muito maior. (*Ou bien... Ou bien...*, p. 472)L

A escolha ética de si não exige que nos lancemos em uma introspecção infinita para estabelecer nossos talentos, nossos gostos etc. Tudo isso tem apenas uma importância muito secundária em relação à nossa existência pessoal. O que importa, então, se você é artista ou funcionário público, alegria da festa ou tímido, se você se reconhece ou não em uma tradição que lhe foi transmitida. Do ponto de vista prático, tudo isso com certeza tem sua importância, mas essas escolhas concretas, singulares só têm valor se relacionadas a uma escolha muito mais fundamental que saberá guiá-las.

Escolher o indivíduo que queremos ser é antes de tudo nos escolher como *pessoa*. Em outras palavras, o que importa assumir de nossa existência não é, primeiramente, o que a torna uma existência singular, mas, sobretudo, o que a torna simplesmente uma existência.

A intenção ética: uma fidelidade a si

Escolher-nos como pessoa equivale, pois, a assumir esse desejo de beatitude próprio de todas as pessoas. O eu ideal que nos deve orientar só pode ser essa plenitude sonhada em que a eternidade e o tempo, a liberdade e a necessidade estariam, enfim, reconciliados, e não em constante desacordo. E essa escolha nada mais é do que uma escolha ética, ou seja, a escolha do bem. É o que acontece, por exemplo, com essa coisa muito simples a que chamamos promessa. Mesmo entre os criminosos mais frios, manter sua palavra faz parte do código de honra. Ora, o que há em uma promessa? De um lado, a vontade de dar à passagem do tempo a aparência da eternidade. Manter sua palavra é, na verdade, esforçar-se para permanecer o mesmo nas e durante as mudanças provocadas pelo tempo. Quem argumentasse que as circunstâncias mudaram para não manter sua palavra cometeria um grande erro. Se você tivesse o direito de renegar a si mesmo sem grandes prejuízos, não seria mais uma promessa.

De outro, a promessa é, também, a ambição de dar a uma necessidade desagradável o rosto de uma liberdade que escolheu. Quando faz uma promessa, você dá livremente sua palavra. Mas, ao mesmo tempo, depois de dá-la, você se comprometeu, não tem mais a possibilidade de se desdizer. A necessidade em que se encontra de manter sua palavra vem da sua liberdade, mas nem por isso ela deixa de ser aos seus olhos uma necessidade autêntica.

É o que acontece geralmente com qualquer intenção ética. Querer tornar o mundo melhor não é nem uma maneira de fugir dele nem uma maneira de negá-lo. Pelo contrário, é uma maneira resoluta de habitá-lo, tornando a necessidade e a passagem do tempo o espaço onde nosso desejo de liberdade e de eternidade deve desenvolver-se. Concretamente, isso significa tornar essa passagem do tempo a aliada de nosso desejo de eternidade, dando-lhe o rosto do que dura. Se consideramos que é correto não mentir, não trair, não roubar, é sobretudo porque todos esses comportamentos favorecem aos nossos olhos relações duradouras. Ao mesmo tempo, em vez de rejeitar a necessidade, a intenção ética a torna o lugar de exercício concreto de nossa liberdade. Se admiramos tanto o abade Pierre e a madre Teresa é porque suas vidas encarnam o rosto de uma liberdade que, longe de se proteger da necessidade, escolheu assumi-la ali onde ela se revela mais árdua: junto aos necessitados. Do ponto de vista da existência, a intenção ética tem, então, o valor de uma afirmação.

Como você pode ver, a escolha ética procede de uma fidelidade a um ideal de beatitude ao qual recusamos renunciar. É uma maneira de assumir uma imagem ideal de si, única condição para nos sentirmos plenamente nós mesmos. Se temos o desejo de ser fiéis a nós mesmos presos ao corpo, naquilo que nos torna não apenas seres vivos, mas também pessoas que aspiram à beatitude, então será naturalmente uma questão de honra não tolerar nada daquilo que poderia tornar-nos indignos aos nossos próprios olhos. Pois a indignidade é uma maneira de degradar sua condição, de falhar consigo mesmo naquilo que se reivindica de mais nobre e de mais elevado. Em uma palavra: ser indigno é trair o ideal.

A intenção demoníaca: uma vontade de profanar o ideal

A moral não é nada sem essa fidelidade ao ideal que a explica e a motiva. São as mesmas razões que explicam, aliás, uma decisão imoral. Pois, se existe uma vontade moral, temos, portanto, de admitir que também existe ao mesmo tempo uma vontade de fazer o mal. Como um homem que vê partir o amor de sua vida pode de repente se transformar em um carrasco cruel? Porque, no momento da ruptura, ele experimenta em toda sua violência o choque do seu ideal de eternidade que se despedaça na realidade da passagem do tempo. "Já que é assim", diz a si mesmo, "essa impostura deve desaparecer!" E ele prefere destruir tudo, até as coisas boas que talvez merecessem ter sido salvas. Desse amor outrora tão belo, ele faz um campo de ruínas sistemático; da pessoa que amava com um amor sincero, ele faz um inimigo a ser impiedosamente destruído.

Essa vontade insana de destruição não teria sentido algum se, para quem a ela se entrega, ela não tivesse ao mesmo tempo o valor de um desafio cuspido no rosto da eternidade. Pois, com certeza, ela tem algo de uma vontade assumida de profanar um ideal que pensávamos viver e que se revela bruscamente tão decepcionante; é por isso que Kierkegaard fala corretamente de "demoníaco". A vontade demoníaca, como a de Lúcifer na tradição religiosa, é um aviltamento assumido, uma vontade de fazer o mal pelo mal:

> "Se está convencido de que esse espinho enterrado na carne (que realmente exista ou, assim, o persuada sua paixão) penetra demasiado fundo para que possa eliminá-lo pela abstração, ele desejará torná-lo seu por toda a eternidade. Esse espinho torna-se para ele um motivo de escândalo, ou melhor, dá-lhe a oportunidade de fazer de toda a existência um motivo de escândalo: por desafio quer, então, ser ele mesmo, não, apesar do espinho, sê-lo sem ele (o que seria eliminá-lo pela abstração, o que não pode, ou se orientar para a resignação), não! Quer, apesar do espinho ou desafiando toda a sua vida, sê-lo com ele, incluí-lo e, assim, tirar insolência de todo o seu tormento." (*Traité du désespoir*, p. 419)

A decisão demoníaca é, então, uma maneira de tornar a contradição da existência um testemunho contra a própria existência. Das profundezas do desespero, ela é um gesto de desdém dirigido à vida, um desafio de cão raivoso. Uma vontade de sujar, de humilhar, de profanar o ideal. Existem maneiras de rir de tudo, sem escrúpulos e sem limites, que denotam tal intenção. O sentido do cômico, como vimos, não é desprovido de profundidade existencial. Mas há também, ao contrário, uma maneira de usar o riso como forma de zombar sistematicamente de tudo, sem nunca levar nada a sério. Nos pátios de recreio, às vezes as crianças buscam justificar a maldade demonstrada com um colega de classe com um artifício de animador de plateia: "Era para rir!" Em muitos programas de TV, a pretensão de se divertir também oferece incríveis permissões para humilhar, para difamar e para ridicularizar. Se é para rir, então tudo é permitido.

Uma visão estética da moral: ninguém é voluntariamente mau

Existe, na tradição filosófica, uma teoria que remonta a Sócrates, segundo a qual nenhum ser humano é voluntariamente mau. Quando agimos mal, sempre seria com o obscuro sentimento de agir bem. Por exemplo, o apaixonado abandonado que acabamos de mencionar agiria muito mal porque é movido apenas pela raiva. Suas más ações devem-se a uma emoção forte demais que não o deixa perceber que o que está fazendo é mau. A raiva o deixa cego. Ao voltar ao seu estado normal, ao se acalmar, talvez compreenda que agiu mal e se desculpe. Em suma, a vontade demoníaca não existiria realmente.

Essa visão moral é solidária de uma visão estética da existência. Um homem totalmente comprometido com a busca de sua felicidade pessoal não poderia de fato fazer o mal voluntariamente. Isso não significa que não é capaz de agir mal, mas que, quando faz algo repreensível, ele o faz apenas em nome daquilo que acredita ser seu interesse pessoal. Por exemplo, uma criança não escolhe trapacear na classe pelo prazer de cometer uma má ação; ela trapaceia simplesmente para ter uma boa nota. Da mesma forma, um ambicioso disposto a tudo para obter uma promoção poderá demonstrar uma impecável crueldade para com seus colegas de trabalho, mas apenas porque essa crueldade é boa para seu interesse pessoal. Em uma concepção estética da existência, seria, então, necessário mostrar a esse homem que seu comportamento é mau porque o torna incapaz – ao contrário do que pensa – de ser verdadeiramente feliz. Poderíamos, por exemplo, dizer-lhe: "Se todos fizessem como você, o que aconteceria? Gostaria que os outros se comportassem assim com você?", para fazê-lo compreender que sua própria felicidade lhe exige o respeito a certo código moral, do qual ele só pode tirar benefícios. Ou então, de forma mais expeditiva, poderíamos dizer-lhe: "Você não será feliz, pois pode fugir do julgamento dos homens; mas não do de sua consciência!" De todo modo, as incitações à moral não podem ser justificadas senão em nome da busca da felicidade.

Essa maneira de ver fez-nos adotar um comportamento que não é, afinal, nem verdadeiramente moral nem francamente imoral. Estamos dispostos a fazer o mal na medida em que ele serve nosso interesse, mas se entregar à embriaguez de uma decadência total é, segundo nosso ponto de vista estético, uma grande loucura, um ato insano. Assim, os maus mais malvados de nossos filmes preferidos o são a esse ponto porque sempre tiveram um grão de loucura. São psicopatas ou fanáticos, ou seja, muito perturbados. Cometer puramente o mal com a vontade de fazer o mal é um comportamento que nos tornamos incapazes de compreender.

Do amoralismo estético ao imoralismo ético

A relação que alimentamos com o bem é da mesma natureza: fazemos o bem apenas na medida em que ele nos parece favorável, ou ao menos compatível com nossa realização pessoal. Isso faz com que nossa conduta moral nos pareça não um fim em si, mas um simples meio. Ora, um meio só tem valor em função do fim a que ele serve. Parece-nos, então, bastante legítimo tolerar algumas violações benignas da moral quando as consequências resultantes não são demasiado graves. Matar um homem nos parece horrível, porque isso seria uma tragédia para os seus próximos; se cada um se desse o direito de fazer o mesmo, nossa felicidade pessoal e até nossa vida estariam assim gravemente fragilizadas. Mas pequenos desvios aqui e ali, trapacear um pouco, roubar um pouco, mentir um pouco, trair um pouco, são sem gravidade. Como dizem: "Ninguém morreu!" Adotamos, dessa forma, implicitamente uma escala dos valores em que o caráter imoral de nossas ações é medido com a régua das consequências favoráveis ou desfavoráveis que poderão ter.

Hoje estamos sempre criticando o mau comportamento dos especuladores da Bolsa que agem como verdadeiros tubarões. As crônicas diárias dos jornais estão cheias de relatos desoladores das malversações de todo tipo e das corrupções da classe política. Como se todas essas pessoas tivessem misteriosamente perdido o senso moral! Mas, na realidade, elas não são mais imorais que nós. Ou melhor, são tão pouco quanto nós. Pois não somos imorais, tornamo-nos simplesmente *a-morais*. O problema não é tanto que agimos mal (nisso, damos prova de imoralidade); é, sobretudo, porque perdemos o gosto natural do bem, a vontade de fazer o bem só pelo interesse de fazer o bem (nisso, damos prova de amoralidade). Na perspectiva estética que nos serve de horizonte mental, a única razão legítima que um homem teria para se comportar bem é a perspectiva de sua felicidade pessoal. Ora, é justamente desse direito legítimo de trabalhar para sua felicidade pessoal que ele tira várias ocasiões de se isentar de uma conduta impecavelmente moral. Pois avaliar a qualidade moral de nossas ações com a régua de suas consequências favoráveis ou desfavoráveis é um exercício bastante perigoso: um responsável político que se permite obter algumas vantagens pessoais de seu mandato diria que, na medida em que "todo mundo faz igual", sua própria atitude não é tão grave assim. Um homem que engana sua mulher poderia também se conceder o direito de pensar que o que ele fez não é tão grave enquanto sua esposa não o descobrir. E assim por diante... Do ponto de vista da gravidade, as fronteiras são sempre bastante imprecisas, portanto indefinidamente negociáveis. O resultado de tudo isso não é muito edificante:

> "Os pensamentos íntimos são pobres demais para serem culpados. Se uma minhoca alimentasse tais pensamentos, talvez pudéssemos considerar isso como um pecado, mas não quando se trata de um ser humano [...]. Seus desejos são medidos, indolentes, suas paixões, sonolentas; essas almas mercenárias cumprem seu dever, mas se permitem, no entanto, [...] tirar um naco da moeda: embora Deus, como pensam, mantenha uma contabilidade bem ordenada, podemos enganá-lo um pouco sem muito risco. Que vergonha! É por isso que minha alma sempre se volta para o Antigo Testamento e para Shakespeare. Ali pelo menos sabemos que são homens que falam: aqui odiamos – aqui amamos, matamos nosso inimigo, amaldiçoamos seus filhos por todas as gerações –, aqui pecamos."
> (*Ou bien... Ou bien...*, p. 24)

Em suma, podemos preferir, como Kierkegaard, uma conduta francamente imoral a uma conduta amoral, porque ao menos ela apresenta o mérito de ser uma conduta "ética". "Uma decisão demoníaca", escreve nosso filósofo, "é ainda assim ética, isto é, eticamente má" (*Étapes sur le chemin de la vie*, p. 173). Quem pratica francamente o mal, com a intenção demoníaca de fazê-lo, não busca sua felicidade pessoal. Ele se condena, literalmente, com a consciência exaltada de fazê-lo. Como não ignora o que é querer o mal pelo mal, está bem perto de saber o que é querer o bem pelo bem. Como tal, ele é uma personalidade ética, muito mais próxima do santo que o honesto cidadão estético que evita cuidadosamente cometer tais atos bárbaros. "Sou um animal, um negro", advertia Rimbaud. "Mas posso ser salvo..."[18] Subentendido: os bens-pensantes, as "pessoas honestas", que brandem o anátema contra a vida sulfurosa do poeta maldito, não sabem o que é se sentir condenado. Então, como poderiam esperar ser salvos?

---

18 Arthur Rimbaud, *Une saison en enfer* [*Uma temporada no inferno*, L & PM, 2007].

Ação filosófica

1. Faça esta pequena experiência: tente se imaginar bem velho ou bem velha, no momento em que, diante do espelho, você faz o balanço de sua vida. E pergunte-se: "Estou feliz com o que fiz da minha vida?" Repita esse exercício com frequência para não se esquecer do que deve a si mesmo(a) e do que, afinal, permanecerá o mais importante: as coisas boas que você fez, mais que os bons momentos que passou. Pois esses bons momentos logo serão levados pela morte, eles o seguirão até o túmulo. Na sua opinião, qual é a única coisa que poderia justificar que sua existência não foi "em vão"?

2. Sempre que, não importando a razão, você se sentir tentado(a) a fazer algo que considera moralmente questionável mas sem importância, pergunte-se, então: "Se sou incapaz de desistir de uma ação desonesta por uma coisa sem importância, por que devo acreditar que serei capaz de fazê-lo quando ela for importante?"

3. Não meça suas ações pela régua das consequências exteriores que elas podem ter. Não é porque ninguém está vendo que sua ação é menos indigna... Não é porque não fez mal a ninguém que você não fez nada de errado... Nesse caso, ao aceitar aviltar-se, você está fazendo mal a si mesmo. Prejudicou essa imagem ideal de si mesmo da qual depende toda a sua existência.

Seguir a moral

Trata-se, então, ao renunciar à miragem de uma existência estética, de "se escolher eticamente": dar à nossa vida não a ambição de ser feliz, mas a de nos tornar dignos da beatitude. Ora, ter a ambição não basta. Como, concretamente, devemos agir para servir nosso ideal: o ideal de beatitude é uma direção muito vaga, que não nos informa sobre a maneira como deveríamos agir nesta ou naquela situação. Como servir o bem, com a intenção sincera de se dedicar a ele, se somos incapazes de saber exatamente onde ele reside?

A moral não é uma simples obrigação social

É precisamente no objetivo de responder a essa questão que a moral existe. O que é a moral? O conjunto das prescrições e dos interditos que permitem dar um conteúdo determinado às noções de bem e de mal. A moral prescreve, assim, não mentir, porque isso seria mal. Ela prescreve respeitar e cuidar de seus pais, porque isso seria bem... Nossos valores morais definem de maneira concreta como devemos agir para servir ao nosso ideal ético.

Ora, atualmente, a moral parece estar em uma situação terrivelmente crítica. Os comentaristas falam o tempo todo de uma perda das referências morais, de uma desorientação que torna os indivíduos incapazes de se guiarem segundo alguns valores. "Onde está o bem? Onde está o mal?" parecemos perguntar-nos a todo momento, como se nossos valores tradicionais nos parecessem de súbito terrivelmente incertos. O que de mais relativo, com efeito, que um valor moral? "Verdade aquém dos Pirineus, engano além deles", escrevia Pascal. A experiência nos mostra, com efeito, que aquilo que nossa cultura ocidental considera como um comportamento imoral pode ser considerado perfeitamente lícito por outras:

> "Observou-se, no entanto, que, embora todas as nações civilizadas obrigassem as crianças a cuidar de seus pais, os selvagens tinham o costume de matar seus pais idosos. É bem possível que seja assim; mas isso não nos faz avançar, pois resta saber se os selvagens pensam que estão fazendo mal ao agir assim." (*Ou bien... Ou bien...*, p. 543)

O que Kierkegaard quer dizer com essa resposta bastante enigmática: "Resta saber se os selvagens pensam que estão fazendo mal ao agir assim"? Essa resposta bastante enigmática consiste em evidenciar aquilo que, basicamente, define toda moral. Suponha que você e eu, tenhamos valores bem diferentes. Você acredita na igualdade; eu, na liberdade, você acredita no respeito à dignidade; eu, no respeito à vida, você acredita na caridade e na necessidade de perdoar; eu, na justiça e na necessidade de punir etc. Está claro, portanto, não temos os mesmos valores, e essa oposição nos leva inevitavelmente a um confronto em muitos campos. Talvez você seja de esquerda e eu de direita, você é a favor da eutanásia, eu sou contra, é a favor do abrandamento das penas, já eu sou pelo endurecimento etc. Tentemos, no entanto, abstrair essas divergências. Qual nosso ponto de encontro? Tanto eu quanto você acreditamos que servimos o bem. A despeito de todo o resto, é sobretudo essa ideia do bem que faz com que *nossa* moral valha como *uma* moral.

Se você aceitar esse primeiro ponto, deve também aceitar o seguinte: quando acredita que a igualdade é algo bom, claro que não pretende que seria bom somente para você. Se está disposto a combater em nome da igualdade, certamente não é porque considera que ela é um valor relativo, apenas bom para você. De outro modo, isso seria uma simples preferência pessoal, e não um valor moral. Por exemplo, se queremos que os direitos humanos sejam respeitados em toda parte é com certeza porque isso nos parece moralmente desejável. Reconhecer que é *moralmente* desejável significa, então, admitir que é *objetivamente*, universalmente desejável, quaisquer que sejam as culturas e quaisquer que sejam os indivíduos.

Por conseguinte, longe de atentar contra a existência da moral, nossas divergências de opiniões manifestam que você e eu acreditamos firmemente na qualidade intrinsicamente moral ou na qualidade intrinsicamente imoral de certas ações. Enquanto estivermos nesse estágio, nossos desacordos podem ser fecundos porque permitem que a moral evolua. Desse choque dos valores nasce, com efeito, a necessidade de encontrar uma moral melhor que escape da crítica de parcialidade. Desse ponto de vista, os homens não esperaram o século XX para saber que toda moral era relativa. Montaigne já tinha plena consciência disso. Mas essa consciência não constituía de forma alguma uma objeção contra a moral. Quando, em seus *Ensaios*, ele questiona a legitimidades dos valores ocidentais, ainda o faz em nome de uma sincera preocupação moral. O "bom selvagem" canibal que, ao dirigir um olhar virgem sobre nossos valores morais, revela a monstruosidade deles, permite que nos libertemos dessas convenções arbitrárias para adotar algumas mais saudáveis. Tanto melhor, pois a moral com isso ganha alguma coisa!

> "Acho que há mais barbárie em comer um homem vivo que em comê-lo morto, em dilacerar com tormentos e desconfortos um corpo ainda cheio de sentimentos, assá-lo de maneira precisa, dá-lo aos cães e aos porcos para ser abocanhado e ferido (como não apenas lemos, mas vimos recentemente, não entre inimigos antigos, mas entre vizinhos e concidadãos e, o que é pior, sob o pretexto de piedade e de religião) que assá-lo e comer depois de morto." (Montaigne *Essais*, I, 31)

O problema é que, da constatação de que toda moral é relativa, chegamos agora à conclusão de que a própria moral não é, senão, uma simples convenção. Uma coisa é reconhecer que nossos valores morais não são perfeitos e que devemos, portanto, mostrar-nos capazes, em nome da mesma moral, de nos libertar deles. Outra é afirmar que não existiria em suma nem bem nem mal, que ambos seriam simples convenções arbitrárias. Ora, se a moral fosse uma simples convenção, é evidente que ela não teria, então, qualquer valor fora da sociedade que a estabeleceu. É essa posição que define nosso "relativismo" que consiste em não ver na moral que uma simples norma que só tem real valor dentro dos limites bem precisos. Quando, ao jogar xadrez, você segue as regras que regem o deslocamento das peças, está submeten-do-se a uma norma. Mas essa norma só vale para o jogo de xadrez. Se jogar damas, é claro que terá de seguir outras regras. O mesmo para a moral: enquanto viver na França, terá de seguir os valores franceses. Mas você não tem nenhum direito de pretender que essa moral também deveria valer para os aborígenes da Austrália. É uma maneira de dizer que essa moral não é mais, aos nossos olhos, verdadeiramente uma "moral", uma vez que não pretende mais a universalidade. Ela é, afinal, apenas uma convenção social.

A moral contra o indivíduo

Professor de filosofia no colégio, devo abordar em classe certo número de noções, entre as quais está justamente a moral. Assim que abordo esse capítulo, como de costume, os alunos são toma-dos de um tédio colossal. Para eles, espontaneamente, a moral não designa apenas uma simples convenção social. Mas porque lhes parece assim, ela também lhes parece uma coisa pouco atraente de um ponto de vista pessoal. A ideia de que a moral poderia repre-sentar, para cada indivíduo, a coisa mais essencial e mais desejável que possa existir não lhes parece de todo evidente. Eles não veem na noção de dever a ideia do que devemos a nós mesmos, a ideia de uma fidelidade a si naquilo que carregamos pessoalmente de melhor. Para eles, "fazer seu dever" remete a algo muito concreto e muito desagradável: "fazer seus deveres". Ou seja, uma obrigação social que lhes é imposta do exterior, obrigação que devem respeitar entregando seus trabalhos, mas vivida somente como um limite imposto pela sociedade à sua liberdade de indivíduos.

Não sorria, acontece quase o mesmo com a gente. Aceitamos docilmente respeitar certas regras morais porque temos consciência de que, sem o respeito comum dessas regras, a vida seria insuportável. Mas não podemos mais nos impedir de considerar que esse respeito é o sacrifício que cada indivíduo deve consentir às necessidades da vida comum. É uma troca justa: agindo corretamente, submeto-me às regras do viver junto; mas, em troca, a sociedade me recompensa desse sacrifício garantindo as condições saudáveis de uma harmonia social. Vivida assim como uma obrigação exterior, a moral não tem mais qualquer relação direta com nossa vida interior e não é mais o meio pelo qual poderíamos tornar-nos plenamente nós mesmos; ela simboliza, ao contrário, essa parte de nós mesmos que devemos abandonar docilmente aos outros para poder viver corretamente junto deles.

E não é apenas a noção de dever que muda de significado. A própria generalidade da moral assume para nós um caráter bastante incômodo, que manifesta ainda melhor sua exterioridade. Pois uma lei geral, por definição, é indiferente à sua singularidade de indivíduo. A obrigação de pagar seus impostos, por exemplo, aplica-se a você apenas na medida em que é um cidadão. Ela impõe que se comporte como todos os outros cidadãos. A lei apaga, então, as diferenças, as singularidades de cada um ao forçá-lo a se submeter. Ela faz abstração daquilo que faz de você um indivíduo singular. Quando a moral diz que toda criança deve respeitar seus pais, ela não se preocupa com você como indivíduo singular. Impõe-lhe uma norma geral que nega completamente as razões pessoais que você poderia ter para não respeitar seus pais. E se esses pais nada fizeram para que você os amasse? Se se comportaram de maneira odiosa com você? Não é direito seu fazer valer a singularidade de seu caso como um motivo legítimo para desobedecer a moral? Da mesma forma, a moral nos prescreve não mentir. Mas não existem casos em que seria inumano aplicar essa moral? Com certeza, em geral, é melhor não mentir. Mas não vivemos no geral! Cada um de nós é um ser singular que deve desvencilhar-se de situações singulares. Deveríamos realmente dizer a verdade a uma pessoa a quem essa verdade poderia ferir inutilmente? Por que estragar os últimos momentos de um homem que logo vai morrer com uma verdade da qual não tem necessidade alguma de saber e que só poderia atormentá-lo?

A moral reside na generalidade

Essa objeção pode parecer muito generosa em sua intenção. Mas há duas razões sérias para não lhes ceder. Primeiro, é de seu caráter geral que a moral tira precisamente sua grandeza. A política se dirige a nós como cidadãos, a ciência se dirige a nós como pensadores, a economia se dirige a nós como consumidores ou produtores etc., mas somente a moral se dirige a nós como somos, ou seja, pessoas. Nada mais, nada menos que o que faz de cada um de nós seres capazes de dizer "eu". Não queremos que um homem político pense que não precisa conduzir-se moralmente porque faz política; como também não permitimos que um especulador na Bolsa de Valores pense que está isento das regras da decência moral porque "negócios são negócios"; assim como não admitiríamos que um cientista se permita todas as experiências em nome da ciência. Como a moral se dirige ao indivíduo em sua qualidade de pessoa, ela não tolera nenhum tipo de extraterritorialidade que nos manteria fora de sua jurisdição, nenhuma exceção que teríamos o direito de reivindicar individualmente.

É bem comum cometermos o erro de considerar que a moral faz parte dos diferentes aspectos, complementares, de nossa vida, como a política, a ciência ou a religião. Mas, ao fazê-lo, tornamo-nos culpados de um erro de categoria ou, como escreve Kierkegaard de forma mais incisiva: nós "estragamos". A moral não é um ramo entre outros de nossa existência, que teriam como denominador comum a esfera do dever. Pelo contrário, é a existência mesma, considerada globalmente em sua dimensão existencial, que é preciso considerar como uma tarefa, um dever. Fazer política ou se lançar no mundo dos negócios não pode, então, isentar-nos de nossas obrigações morais. Pois um homem político e um homem de negócios permanecem, como qualquer um de nós, pessoas.

Desse ponto de vista, a moral é muito igualitária e não concede a ninguém o privilégio de se sentir acima de suas normas; impõe-se da mesma maneira, quer sejamos um modesto operário ou o "príncipe do reino do espírito". Dizem que todos os homens são iguais, no entanto nada é menos verdadeiro. Ou pelo menos, não somos iguais em "direito". Para ter os mesmos direitos, seria preciso que todos nós nascêssemos com as mesmas chances de partida, com as mesmas capacidades, com a mesma renda etc. Em contrapartida, diante da moral, somos todos rigorosamente iguais. Iguais em dever, portanto. Ninguém tem o direito de se prevalecer de um privilégio de situação para se considerar isento de agir com decência. A moral oferece, assim, a todas as pessoas a mesma chance de serem dignas ou medíocres, segundo o que escolherem ser. As diferenças de inteligência e de riqueza não têm pertinência alguma aos olhos delas e não servem para medir o valor de uma pessoa.

É de todo desculpável, em certas situações, desobedecer à moral. Não respeitar seus pais porque foram maus pais é psicologicamente legítimo. Da mesma forma, mentir para uma pessoa para protegê-la de uma verdade que ela não poderia ouvir é muito compreensível. Mas essa circunstância explica apenas as razões que você tem para mentir. De forma alguma, transforma sua mentira em uma boa ação. Dá-lhe desculpas, não o justifica moralmente. Além disso, a pessoa que você quis proteger com sua mentira é capaz, mais dia menos dia, de culpá-lo por ter mentido para ela.

O fato de nos parecer impossível agir como a moral nos recomenda fazê-lo em certas situações, indica que ela continua sendo um ideal para nós. Essas situações nos levam a mostrar um mínimo de humanidade, e a testemunhar em relação àqueles que se comportam mal a mesma benevolência que sabemos mostrar quando se trata de nossas próprias fraquezas. Mas isso certamente não significa que a moral toleraria certas exceções!

Colocar o singular a serviço do geral

A segunda razão pela qual não se pode acusar a moral de ser demasiado geral é que essa generalidade não nos impõe de forma alguma esquecer nossas singularidades individuais. Muito pelo contrário! Escolher a si mesmo eticamente é sempre uma maneira singular de se escolher. É evidente que um pai de família não terá de servir à moral da mesma maneira que um homem solteiro que tivesse escolhido nunca ter filhos. E as diferenças, mesmo de um pai para outro, são grandes. Cada um tem sua própria maneira de servir ao ideal que lhe prescreve amar e proteger seus filhos. Felizmente, a moral não diz com quem você deve casar-se, nem como concretamente deveria educar seus filhos. Felizmente, ela não diz se você tem ou não de se lançar em uma carreira de banqueiro ou de professor. Ela não pretende governar sua existência no que ela tem singular. Cabe a você e somente a você, em função de suas singularidades, decidir como vai levar uma vida ética:

> "Acho bastante natural que aquele que vive eticamente desfrute de todo um intervalo em relação ao que é indiferente, e o fato de não querer forçar a ética a lidar com todas as coisas insignificantes é um sinal de veneração por ela. São apenas aqueles que não têm coragem de acreditar na ética e aos quais, no sentido mais profundo, falta a segurança íntima que o fazem, e sempre sem sucesso." (*Ou bien... Ou bien...*, p. 537)

Por conseguinte, se a escolha que faz de si mesmo é uma escolha ética, você deve sempre fazer essa escolha com base em sua situação singular. Nada o obriga a se tornar médico, e não advogado. Em geral, decidimos nossa carreira em função de vários parâmetros: nossos gostos, nossas habilidades, às vezes também os recursos financeiros de que dispomos para seguir longos estudos. De qualquer forma, determina Kierkegaard, tudo isso é "insignificante". Não é porque você tem a sensação de ter-se enganado de carreira, tornando-se, por exemplo, dentista quando na verdade sonhava em ser um neurologista, que terá fracassado na vida. Tampouco é porque você tem a sensação de não ter se casado exatamente com a pessoa com quem sonhava se casar que terá perdido sua existência. Se fosse esse o caso, quantos de nós poderíamos sinceramente avaliar ter tido uma vida bem-sucedida? Passar um bom tempo observando a si mesmo, fazendo a lista de todos os nossos gostos, de todas as nossas aptidões, de todas as nossas singularidades para tentar encontrar o que aos nossos olhos representaria a melhor escolha de vida, "a" combinação vencedora, é uma tentação tão inútil quanto irrisória. Inútil, pois você sempre seria capaz de esquecer um parâmetro importante, que poderia ter modificado profundamente sua escolha. Sem contar que as escolhas que você julga corretas aos vinte anos não são as mesmas que o homem que você se tornou aos trinta consideraria muito judiciosas. Para permanecer fiel às suas singularidades, você deveria passar seu tempo se desautorizando. Irrisória, porque, realmente, o jogo não vale um tostão furado! Se você se tornou dentista, quando sonhava ser neurologista, que seja. Você pode, se assim desejar de fato, retomar seus estudos e fazer de modo a realizar esse sonho. A moral não o proíbe. Ou pode, então, continuar na sua condição de dentista. Pouco importa, na verdade. O indivíduo singular que você é certamente se sentiria muito melhor se pudesse exercer uma profissão que lhe agrada. Mas, primeiro, embora desejável, nem sempre é possível. Em seguida, o essencial não está aí.

O importante é que, sendo tanto um quanto o outro, você se esforce sempre para realizar sua profissão da melhor maneira possível. Na medida em que tem a ambição de fazer da profissão singular que você exerce o meio de uma realização ética, o resto pouco importa. Estar condenado a ser para sempre apenas um modesto lixeiro não faz de você, se cumprir escrupulosamente seu trabalho, alguém menos respeitável que um indivíduo que tivesse a oportunidade de se tornar capitão de indústria. Ser um indivíduo modesto não impede de ser uma boa pessoa. Da mesma forma, se o homem de sua vida não tem o físico de um ator de cinema, o que importa? O valor de seu amor, felizmente, não se apoia nos parâmetros muito aleatórios de um quadro de medições. O que fará de seu amor um grande e admirável amor não é a qualidade singular daquele que você ama, mas a maneira como cada um de vocês saberá mostrar-se à altura desse amor:

> "Há na língua muito mais verbos modelos que o único que, nas gramáticas, é dado como paradigma; é acidental que seja este o indicado, pois todos os outros verbos regulares também poderiam tê-lo sido; o mesmo se aplica em relação aos homens. Qualquer homem pode, se desejar, tornar-se paradigma do homem, não se livrando de sua contingência, mas permanecendo nela e aperfeiçoando-a. Mas ele a aperfeiçoa escolhendo-a." (*Ou bien... Ou bien...*, p. 541)

O indivíduo contra a pessoa

Em resumo, a moral não o engaja de forma alguma a negar suas diferenças singulares. Exige apenas que você use essas diferenças para colocá-las a serviço de uma vocação geral. E apenas interdita, portanto, que você procure passar seu interesse de indivíduo singular na frente da preocupação de sua pessoa. Nossa singularidade é um fato, mas não é em si mesma um valor a ser cultivado buscando perpetuamente se singularizar. Não há nada de muito importante em ser um homem único, diferente dos outros, porque, afinal, basta dar-se ao trabalho de nascer para já dispor de tal privilégio. A genética prevê isso. E cada um sabe que os acasos do nascimento têm um importante papel nas desigualdades sociais entre os indivíduos. Ter mais inteligência que outro, um nariz mais reto ou o cavanhaque mais bonito está ao alcance de qualquer um.

Colocar os direitos dos indivíduos antes dos deveres devidos à pessoa é uma maneira dramática de inverter as prioridades, pois isso substitui o desejo de ser uma pessoa como as outras pelo desejo inverso de ser uma pessoa diferente das outras. A ambição de "ser si mesmo" deveria significar a vontade de se tornar alguém que possa, à sua maneira, encarnar um modelo de humanidade. É assim que um pai se esforça para se tornar exemplar para seus filhos. Um homem exemplar, em outras palavras: um exemplo a seguir. Em vez disso, a ambição de "ser si mesmo" tornou-se para nós uma maneira de nos afirmarmos em nossas diferenças a fim de se tornar aquele que os outros nunca poderão tornar-se. Por esse motivo, um pai só poderia afirmar-se esmagando seus filhos sob o peso de um sucesso inatingível.

Não ficaremos surpresos de ver como o privilégio concedido aos indivíduos nos levou a transformar nossas pequenas diferenças, nossas pequenas singularidades, em uma contínua preocupação identitária. Como se "escolher-se" devesse imperativamente significar a eleição de uma esquisitice, de um sinal particular que seria apenas e somente nosso. Como se tivesse se tornado impossível ser você mesmo apenas não sendo como os outros. O medo de sermos vistos como parte de um rebanho nos leva a reivindicar orgulhosamente uma marginalidade que se aproveita de qualquer coisa: uma maneira de se vestir, uma maneira de se pentear, uma opinião deliberadamente chocante etc.

Repetimos com frequência que podemos sentir-nos diferentes sem nos sentirmos superiores. Muito bem, mas por que neste caso tanto esforço para fazer valer essas diferenças, se não porque elas nos oferecem também um excelente meio de marcar nossas distâncias com o "comum"? Acreditamos ter promovido a igualdade dos homens, mas, em vez disso, será que não democratizamos o gosto aristocrático pela glória? Essa luta permanente dos egos nos torna incapazes de imaginar como um indivíduo poderia encontrar o meio de se afirmar em sua individualidade se não se afirmar também em sua singularidade:

> "É curioso ver como as pessoas, mesmo as mais simples de espírito, descobrem com notável certeza o que se poderia chamar de sua diferença estética, por mais insignificante que seja, e a luta absurda que travam para encontrar qual diferença é mais importante que a outra é uma das misérias da vida." (*Ou bien... Ou bien...*, p. 516)

Do ponto de vista moral, compreenderemos que essa evolução é uma catástrofe. Para demonstrá-lo, Kierkegaard usa o exemplo de uma anedota contada por Goethe nas páginas autobiográficas de *Poesia e Verdade*. Nelas o poeta relata a lembrança de um amor de juventude. A história, em si, nada tem de original: Goethe se apaixonou por uma bela jovem, que ele acabou deixando "com maneiras corteses". Cada um de nós teria mil histórias desse tipo para contar. Nós nos encontramos, nós nos amamos por um tempo antes de nos deixarmos. Pelo menos o poeta se deu ao trabalho de fazê-lo com certa polidez, agindo com "cortesia". O interessante para Kierkegaard nessa passagem é menos a própria aventura que a maneira como o grande homem a relata. Pois, moralmente, embora a vítima não tenha saído da situação muito desgostosa, o fato de seduzir uma jovem iludindo-a (talvez com a melhor das intenções), para em seguida se retratar, permanece um ato bastante indigno. Ainda que não haja qualquer consequência dramática, esses jogos de adolescentes ainda se enquadram em um veredicto moral. Goethe deveria pelo menos ter apreciado sua atitude pelo o que ela era: um ato de velhaco. Mas essa apreciação moral está perfeitamente ausente, pois Goethe faz de sua aventura uma composição poética:

"Fazer uma composição poética de uma circunstância real da vida recorrendo a um distanciamento (que, é claro, teremos de defender como caução solidária) não é nem mais nem menos que distorcer o que há ali de ético e dar-lhe a falsa impressão de um evento e de uma preocupação. Sim, quando se tem um para-raios como esse no bolso, qual o espanto de ficar calmo durante a tempestade! Quantos imbecis e atabalhoados não vimos desfilar, curvados e rastejando cheios de admiração por essa particularidade da natureza? E, no entanto, todo mundo possui mais ou menos essa particularidade natural, e é muito simples: a resposta do homem natural e lascivo contra a ética. Esse dom poético é encontrado com frequência nos criminosos, ou seja, esse dom para isolar uma circunstância real da vida em alguns contornos poéticos." (*Étapes sur le chemin de la vie*, p. 179)

Assim, Goethe não se sente culpado porque acredita que seu imenso talento é uma fiança de valor pessoal. Faça o que fizer, ele não poderia agir com mediocridade, pois ele é Goethe. Na pior das hipóteses, seus desvios da moral são as fraquezas perdoáveis de um grande homem, que sabe ver as coisas com uma grandeza maior que o homem comum. O que essas pequenas mesquinharias significam em relação à sua obra? O respeito natural que temos pelos "grandes homens" nos torna muito sensíveis ao menor sinal de grandeza, à menor marca de desigualdade pela qual nós mesmos poderíamos avaliar-nos acima do resto.

Essa pretensão de querer existir em nossa singularidade, essa incapacidade de nos afirmar de outro modo que nos distinguindo, apresenta-se hoje como o triunfo da vida individual. Que erro! Na realidade, tais existências não têm mais nada de individual, pois nos levam a nos comparar o tempo todo aos outros e a colocar todo o nosso orgulho em diferenças socialmente valorizadas. Afirmar sua singularidade comprando um carro que despertará inveja em seu vizinho, ou ter a ambição de se tornar um grande ator mais conhecido que os outros, há ambições mais comuns? Onde, então, a individualidade se encontra afirmada em tais ambições? Em vez de uma grande singularidade, na realidade só há aqui o mais insosso e o mais desolador dos mimetismos. Consideradas como fins, todas as nossas singularidades terão valor apenas se comparadas com as singularidades dos outros. Não é de admirar, portanto, que acabemos parecendo-nos com os outros de tanto querer obstinadamente nos distinguir deles.

A única maneira de proteger nossas singularidades é não tentar torná-las fiadoras de nossa individualidade. Em outras palavras, *não se deve ter como objetivo ser si mesmo tornando-se alguém singular*, pois tudo o que se ganhará no final é ser um pouco como todos os outros. É melhor procurar *ser alguém singular tornando-se si mesmo*, ou seja, uma "pessoa", um paradigma de humanidade. Somente, então, nossas diferenças serão valorizadas por si mesmas, fora de qualquer espírito de comparação.

Ação filosófica

1. Nunca tente reabilitar-se moralmente alegando que certas ações valem no geral, mas não no seu caso particular. Por exemplo, você pode achar que "roubar" é um ato repreensível, mas baixar de forma ilegal arquivos da internet não é de forma alguma a mesma coisa. Como não é a mesma coisa? Você pode ter desculpas quando não age moralmente, em certas situações. Mas uma desculpa não lhe dá razão. Desculpa-o, nada mais.

2. Se criticar uma moral, certifique-se sempre de fazê-lo em nome da moral. Por exemplo, é legítimo criticar uma moral que prescrevesse aos jovens esperar pelo casamento antes de ter relações sexuais.

Mas você só poderia fazê-lo dizendo que a virgindade não é indispensável para a pureza do compromisso conjugal. Em contrapartida, criticar essa regra moral dizendo que ela impede que os jovens vivam livremente sua sexualidade é um argumento perigoso, pois leva a repudiar o próprio princípio da moral em nome de uma concepção estética da existência: "O importante é que você se divirta!"

3. Em todas as áreas em que a moral não prescreve nada, sinta-se completamente livre para seguir seus gostos singulares, seus caprichos particulares, suas vontades, seus desejos. Mas, se não puder, não se aborreça por isso! Não faça de todos esses desafios singulares desafios existenciais. Se tiver a sorte de um dia ganhar na loteria, você poderá satisfazer muitos de seus desejos e muitas de suas vontades. Sua existência de indivíduo terá uma considerável melhora.

Mas sua existência como pessoa não será minimamente modificada: a vida será mais confortável, sem dúvida; mas continuará sendo patética, pois você não se libertará nem do tempo nem da necessidade.

4. Acostume-se a considerar seu trabalho como uma "vocação". Se não gosta dele, não hesite em mudar. Mas, enquanto o exer-

cer, faça disso uma oportunidade de realização ética. Em outras palavras, use seus talentos singulares a serviço de um bem geral. O trabalho que você faz pouco importa por si só; o que tornará sua atividade profissional uma atividade apaixonante é a seriedade existencial com a qual você a exercerá. Ainda que seja um trabalho só pelo dinheiro, repetitivo e terrivelmente chato? Levantar-se bem cedo todas as manhãs e aceitar um trabalho embrutecedor para alimentar sua família é uma vocação cuja beleza não tem nada a invejar à dos outros.

IV

Uma visão do sentido da existência

Reconhecer a autêntica presença do divino

Manter vivo o nosso ideal de beatitude é uma tarefa difícil, porém bem mais exaltante que a simples preocupação de se garantir uma vida confortável. Reconhecer a presença de tal ideal em nossas vidas não é de forma alguma os efeitos de uma posição religiosa. O sentimento da eternidade, a consciência de uma liberdade infinita e a aspiração à beatitude estão psicologicamente apoiados na nossa existência pessoal. Para nós, é tão impossível ignorá-lo quanto deixar de ser um eu que se relaciona consigo mesmo. Querer negar sua presença em nome de um prosaísmo supostamente lúcido nos deixaria inevitavelmente cegos a nós mesmos. Seria-nos bastante fácil explicar nossas condutas interessadas, mas não poderíamos mais compreender as mais belas e as mais desinteressadas delas.

Se não fosse movido por um ideal mais elevado que sua felicidade, como uma pessoa poderia realmente sacrificar sua vida a serviço do bem comum? Como poderia ela se sujeitar a defender a verdade, não apenas quando tem interesse em fazê-lo, mas até quando arrisca perder seus amigos e sua reputação? Que um cidadão honesto respeite a lei evitando agredir alguém seria facilmente compreensível; mas seria bem mais difícil explicar a atitude de um homem que, arriscando sua própria vida, escolhesse usar seu corpo como um baluarte contra o agressor. Existem, assim, homens e mulheres bastante ordinários que sabem, às vezes, ser grandes heróis dispostos a sacrificar tudo o que têm para defender inocentes, ou apenas para cuidar de seus próximos. Exemplos desse tipo, todos poderíamos citar. Autênticos ou não, eles despertam em nós um verdadeiro entusiasmo e um desejo de imitação que provêm de uma fonte muito mais profunda que o nosso desejo de realização pessoal.

Assumir que todos nós, crentes ou não, temos uma afinidade natural com a ideia de beatitude deveria fazer com que considerássemos nossa existência sob a única perspectiva que a expressa de maneira justa: a perspectiva religiosa. Katow, o herói revolucionário do romance de André Malraux, *A condição humana*, é um verdadeiro ateu. Mas isso não o impede de se comportar como um santo ao entregar sua pílula de cianeto a um camarada sem nome e sem rosto destinado, como ele, a uma morte horrível. Embora não acredite em Deus, o dom que faz de sua própria morte a um perfeito estranho só pode ser corretamente compreendido e descrito pelas categorias fornecidas pela religião. E isso nada tem de realmente surpreendente. Os grandes conceitos da religião (a beatitude, o divino, o pecado, a salvação, a fé etc.) não surgiram do nada. Longe de manifestar o caráter arbitrário e ilimitado de uma imaginação irracional, eles expressam com uma profundidade existencial – que seria um erro negligenciarmos – uma visão muito coerente da condição humana.

Nosso hábito de posicionar a religião em relação à ciência ou à política nos conduziu muito naturalmente a encerrar a religião em uma esfera de nossa existência demasiado delimitada pelo que poderíamos chamar de departamento de assuntos divinos. Por esse motivo, compreendemos que a religião pode representar para muitas pessoas – e mesmo para os crentes – um aspecto bastante marginal e opcional da existência, sinalizado de tempos em tempos pelas cerimônias dominicais, pelas bênçãos nupciais e por alguns enterros. Essa maneira de considerar a religião é uma forma patente de "estrago". Com efeito, não é apenas um aspecto de nossa existência, mas toda a nossa existência que é reivindicada em princípio pela religião. A vida religiosa não pode ser algo que assumimos apenas no domingo, ou uma condição que poderíamos esquecer assim que vestimos nossa roupa laica cidadão. Isso não significa que tudo em nossa existência teria uma dimensão religiosa; claro que não! O fanático se caracteriza justamente pelo seu desejo de querer transformar qualquer coisa, até a mais insignificante, em um assunto religioso. Nem tudo "em" nossa existência é religioso. Mas nossa existência, tomada em sua dimensão existencial, é um assunto eminentemente religioso.

A religião não é, então, essa esfera estreita de nossa existência destinada às relações com o divino, e sim uma maneira de considerar a vida humana, tomada como um todo, como essencialmente relacionada ao divino. Apesar das aparências, essa afirmação nada tem de uma presunção arbitrária que poderíamos rejeitar invocando, sem muita cerimônia, nossa recusa em acreditar. Uma coisa é recusar-se a crer em Deus Pai e Seu único Filho, Jesus Cristo; outra é pretender que não há relação alguma, da natureza que for, com a ideia do divino. Do mesmo modo, a ideia de pecado e a ideia de salvação que lhe estão estreitamente ligadas podem parecer inaceitáveis para nós. Para muitos, elas até representam o que há de pior na religião, pois as veem como um discurso culpabilizante que faz com que os indivíduos se acreditem culpados e façam o tempo todo penitências inúteis: *mea culpa, mea culpa, mea maxima culpa!* Esse julgamento é compreensível, mas confunde o remédio com a doença. Pois a religião não desperta esse sentimento obcecante de culpa; oferece apenas os meios para enfrentá-lo. Não precisamos de uma revelação para nos sentirmos culpados, e até imensamente culpados! O próprio desespero nada mais é que a manifestação mais gritante dessa culpa voraz com a qual os psicoterapeutas são constantemente confrontados, inclusive em pessoas que não reivindicam nenhum tipo de crença religiosa. Comecemos, então, por ela...

O sentimento de ser falível

Colocar nossa existência sob o signo do pecado nada tem de uma decisão arbitrária, de uma moda malsã dos teólogos. É uma maneira lúcida de reconhecer que todos os esforços da ética para superar a contradição de nossa existência estão inexoravelmente fadados ao fracasso. Não apenas nosso ideal de beatitude não pode jamais ser alcançado, como estamos condenados a viver essa impotência como uma fraqueza pessoal, uma falta pela qual deveríamos ser responsabilizados.

Quando a angústia nos atazana

A existência ética luta para satisfazer nosso ideal de beatitude. Por sua maneira corajosa de querer encará-la, torna até essa impossibilidade ainda mais manifesta. Por exemplo, no início de um relacionamento geralmente prometemos amar um ao outro para sempre, fielmente, como no primeiro dia. A promessa de beatitude alojada em nossas primeiras emoções nos parece exigir esse generoso compromisso. No entanto, mais o tempo passa, menos o amor se assemelha ao entusiasmo radiante dos primeiros momentos. A alegria inebriante do encontro, que tornava nosso dever tão leve, cada vez mais dá lugar à secura de um rigor moral tanto mais pesado porque parece ter perdido sua razão de ser. Afinal, a fidelidade nada mais é que o pobre substituto moral do amor, uma maneira sinistra de querer imitar o "amor eterno". A verdade é que, mesmo no melhor dos casos, não depende de nós fazer com que o que é contraditório deixe, como num passe de mágica, de sê-lo...

Em vez de tornar nossa existência mais tolerável, parece que, ao contrário, a ideia de nossa responsabilidade ética tende a torná-la ainda mais insuportável! Para se unirem, os casais não precisam mais derrotar a vontade dos pais. Unimo-nos porque nos amamos, sem sentir o fardo de uma coerção exterior. Ao mesmo tempo, no entanto, só podemos responsabilizar a nós mesmos se nossos amores fracassarem. Ao nos libertar de toda coerção, o casamento por amor nos remete, assim, incansável e regularmente, às nossas próprias insuficiências. O mesmo se passa no mundo do trabalho. Quando cada empregado é convidado a mostrar iniciativa, quando o incentivam a ser o ator de sua própria carreira não contando além que consigo mesmo, libertam-no do pesado paternalismo que antes incitava os patrões a serem condescendes com ele. Da mesma forma, no entanto, entregam-no totalmente a si mesmo ao obrigá-lo a considerar seus fracassos profissionais e sua incapacidade de encontrar um emprego depois de ter perdido o seu como resultados da sua falta de competitividade e da sua adaptabilidade insuficiente. Não há nada acidental no nosso medo do fracasso: mais tomamos consciência de nossa liberdade, mais nos inclinamos a nos considerar responsáveis.

Não surpreende, nessas condições, que lutemos o tempo todo contra um sentimento avassalador de angústia de que tratamos como podemos, às vezes com um importante auxílio de ansiolíticos. Ninguém mostrou tão bem quanto Kierkegaard a que ponto o sentimento de angústia está, assim, relacionado com o medo da falta. Observemos primeiramente que a angústia não é o medo, pois o medo supõe a representação de um objeto que causa medo. Se, por exemplo, ao atravessar a rua distraidamente percebemos de repente que um carro se dirige contra nós, temos uma razão concreta para ter medo. Já a angústia não tem objeto. Despertada por algo indeterminado, ela se insinua em nós, aperta nossos corações e dá "um nó no estômago". Como antes de um exame, por exemplo. Nesta situação, não podemos designar um objeto concreto que nos daria medo; o que nos assusta é a incerteza do futuro, isto é, nosso medo de fracassar, nossa incapacidade de enfrentar.

Quando estamos angustiados, não tememos, então, nada em particular. Não podemos dizer o que nos assusta no futuro, a não ser nossa inquietude de não saber enfrentá-lo, nossa angústia de cometer uma falta. Tudo pode causá-la, já que nada a causa em particular, a não ser nosso próprio medo de falhar. O verdadeiro objeto de nossa angústia somos nós mesmos, portanto.

A inevitável culpa moral

De onde vem esse medo de falhar? De uma exigência demasiado elevada, que nos seria impossível de enfrentar? Sim e não. Não, pois constatar a imperfeição inevitável de qualquer realização diante de um ideal exigente não traz graves consequências. Ninguém é obrigado a ser perfeito, desde que faça o possível para se aproximar do ideal. Mesmo não conseguindo realizar tudo o que almejamos, podemos ao menos encontrar um motivo legítimo de orgulho nos esforços que nos aproximam desse ideal. Em contrapartida, ocorre o contrário assim que constatamos que, mesmo fazendo o melhor possível, continuamos afastando-nos do ideal. É esse sentimento que, de fato, alimenta surdamente nossa propensão a nos considerar culpados:

> "A ética está aqui com sua existência infinita presente em todos os instantes, mas o indivíduo não pode realizá-la. Essa impotência do indivíduo não deve ser compreendida como decorrente da imperfeição dos esforços feitos incessantemente em direção ao ideal, pois, então, não há suspensão, assim como não é suspenso aquele que cumpre mediocremente suas funções. A suspensão reside no fato de o indivíduo se encontrar exatamente no estado oposto ao exigido pela ética, de modo que, em vez de poder começar, ele está, a cada instante que permanece nesse estado, sempre mais impedido de fazê-lo. (*Post-scriptum aux Miettes philosophiques*, p. 178)

Para agir moralmente, não basta contentar-se em seguir mecanicamente certo número de preceitos. Se isso bastasse, poderíamos muito facilmente começar a cumprir nosso dever, tornando-nos bons pais, bons cônjuges, cidadãos íntegros e empregados modelo. À custa de algum esforço, poderíamos tentar realizar o programa da ética. Mas uma conduta moral vale apenas o que vale a intenção ética por trás dela. Assim, um comerciante que se mostra honesto só para não prejudicar sua boa reputação não se comporta moralmente. Um homem que é fiel à esposa só por medo das complicações que uma relação adúltera causaria não é realmente fiel. Enquanto a intenção ética não estiver presente, nenhuma de nossas boas ações poderá reivindicar o título de ação boa.

Daí procede nosso impedimento para realizar nosso ideal ético, que Kierkegaard chama de "suspensão da ética". Porque, em relação às exigências éticas, estamos como "suspensos", incapazes de fazer qualquer coisa, pois desde o início destinados a nos sentir culpados. O defeito não está apenas no imoralismo de nossas condutas, mas também em nossas melhores intenções. Não importa o que façamos, é impossível de agir bem, porque a menor de nossas ações sempre estará sujeita à caução. Todos os nossos esforços para nos tornarmos filhos sábios não podem mudar nada. Um filho que tentasse, da melhor maneira possível, satisfazer pais demasiado exigentes sente que nunca faz o suficiente ou que o que faz nunca é bom o suficiente. Em relação às exigências que seus pais lhe impõem, ele está condenado a se mostrar sempre decepcionante, pois o esperado não é que aja de uma maneira ou de outra, mas que se mostre fundamentalmente diferente do que é. Pelo menos ele pensa assim. Por isso, internaliza muito cedo um sentimento latente de culpa que o leva a acreditar ser merecedor dos castigos recebidos:

> "A primeira pergunta feita a uma criança durante uma disciplina sumária é, como todos sabem: 'O que a criança deve receber?' Resposta: 'uma boa palmada!' E é com essas ideias

que a vida começa, embora neguem o pecado original." (*Ou bien... Ou bien...*, p. 17)

As jovens da boa sociedade vienense que Freud atendia em seu divã de analista no final do século 19 eram cativas da mesma engrenagem: espartilhadas com princípios morais, estavam sobrecarregadas de culpa por faltas que não haviam cometido, mas que não podiam deixar de desejar. As exigências da moral são tão colossais que acabam produzindo em nós tais efeitos. Como poderíamos não pretender comandar nossos desejos, a passagem do tempo, o clima mutável de nossas emoções? Como poderíamos acreditar que vivemos à altura de nosso ideal? Culpado, não culpado? Teria de ser moralmente cego para não ver que a boa consciência sempre se acompanha de uma odiosa cláusula suspensiva. Quantos pais, que pensavam agir corretamente, às vezes são acusados pelos filhos de terem se mostrado egoístas? Da mesma forma, uma pessoa que se considera justa pode se mostrar na realidade simplesmente cruel. Outra que se crê honesta pode agir secretamente com a intenção de parecê-lo. A esse respeito, nada é mais eloquente que as disputas em que cada um transfere a responsabilidade de uma falta cometida ao outro. Muito difícil saber quem tem razão!

Para dizer a verdade, nenhuma ação, mesmo a mais aparentemente moral, está livre de suspeitas. Esta é a razão pela qual os grandes santos sempre se sentem pecadores, muito mais que os outros. Longe de ficarem satisfeitos consigo mesmos, fogem dos elogios como da peste, que sempre lhes parecem imerecidos. Não se trata de falsa modéstia, mas da consciência lúcida de estarem sempre muito aquém da reputação que adquiriram.

Por que, nessas condições, deveríamos aceitar submeter-nos a um ideal moral que só nos pode esmagar por tudo o que ele exige de nós? Não deveríamos, então, tentar suavizar a moral, torná-la mais humana, mais praticável? Essa vontade de suavizar a moral para torná-la mais humana é perfeitamente compreensível. Em Nietzsche, ela assumirá a aparência muito mais radical de uma guerra aberta contra os valores judaico-cristãos. Vendo no sentimento de culpa que eles geram a prova de seu caráter fundamentalmente perverso, o filósofo recomenda libertar-se dessa moral para devolver à vida sua inocência natural. Mas querer, assim, descoser a moral equivaleria a caucionar o esquecimento do absoluto e, com ele, o esquecimento para cada um de sua preciosa condição de pessoa. É verdade que um guepardo ou um chimpanzé não tem nenhuma razão específica para sentir qualquer culpa. Mas é porque eles coincidem consigo mesmos, sem alimentar nenhuma relação com um ideal de beatitude. E o que ganharíamos com isso? Um estatuto de animal, que implicaria que todas as nossas ações são motivadas pelo que Nietzsche chama uma "vontade de poder"? Ou um simples estatuto de cidadão, em que as prescrições da moral nada mais seriam que artigos de um código de conduta destinado a aperfeiçoar nossas relações sociais? Definitivamente, a conta não fecha! Se pudermos encontrar alívio do nosso sentimento de culpa nesse esquecimento da moral, nada garante que o preço a pagar por isso (renunciar ao nosso estatuto de pessoa) seja uma solução desejável.

A imperfeição de nossa condição vivida como uma falta

Mas, no mínimo, por que deveríamos sentir-nos responsáveis por essa incapacidade constitutiva? Afinal, a culpa não é nossa. Por que e em que nome deveríamos sentir-nos culpados por sermos apenas humanos? Pois é exatamente disso que nos tornamos culpados! Por exemplo, pode acontecer de uma mulher não sentir espontaneamente amor por seu bebê, e de vê-lo primeiro só como um estranho que se apodera de sua vida. Mesmo lhe mostrando que essa falta de amor não é sua culpa, que se deve, por exemplo, à depressão pós-parto, isso não mudaria muito para ela. Pois sabe muito bem que não pode forçar-se a amar, que não é sua culpa.

Mas essa impotência não deixa de ser aos seus olhos uma falta imperdoável. Mesmo que lhe digam que não é responsável por essa frieza, ainda assim, ela não consegue não se sentir responsável. Da mesma forma, não conseguimos não sentir culpa diante de um acidente que leva um de nossos próximos. "Se eu soubesse, pensamos, poderia ter evitado!" Ou ainda: "Por que isso aconteceu com ele? Eu deveria estar em seu lugar!" Essa culpa nos corrói, ela é insuportável. Teríamos, no entanto, bons motivos para considerá-la ilegítima: afinal, não somos pessoalmente responsáveis pelo que aconteceu.

Sim, mas aqui está: essa finitude que nos tornou incapazes de prevenir o acidente, essa falta de clarividência, essa falta de antecipação, essa falta de conhecimento prévio, não é simplesmente o quinhão comum. É, sobretudo, nosso quinhão, nosso, *nossa* finitude e, portanto, *nosso* defeito. Mesmo não dependendo de nós, ainda, assim, nos pertence e nos engaja, então, *pessoalmente*. Todas as consolações não farão nada a respeito: mesmo que fosse impossível, sentimos que deveríamos saber, que essa ignorância também engaja nossa responsabilidade pessoal. Assim que se tornam *meus* defeitos, os defeitos inerentes à natureza humana logo assumem a forma de faltas. O mesmo se aplica a uma mulher que não conseguisse amar seu filho: a menos que se prove o contrário, é *ela*, e não outra pessoa, que não tem amor. Ela está, portanto, pessoalmente engajada, pessoalmente envolvida nessa falta de amor, mesmo que não seja sua maneira de ser.

Em relação à nossa consciência de eternidade e de liberdade, nada nos impedirá, então, de nos sentirmos virtualmente culpados. Culpados do que somos, dessa mesma finitude da qual temos parte e pela qual não podemos responder inteiramente. Essa falta original vai tão longe que nos obriga a assumir até a responsabilidade moral pelos golpes do destino! Quando a pobreza bruscamente surge, atingindo com milhares de sofrimentos indivíduos outros que nós, mas semelhantes a nós, não podemos evitar, com efeito, de achar injusto o destino que os atormenta. Ora, o que é injusto é antes de tudo o favor que nos é concedido. Por que eles? Por que não nós? Afinal, fomos talhados da mesma madeira. Como não sentir culpa por sermos poupados, quando nada os predestinava mais que nós a se encontrarem arrasados por aquilo pudicamente chamado de "caprichos da vida"? Por que não deveríamos também ter nossa parcela desse sofrimento universal? Diante de um infeliz, um pobre ou um doente, não conseguimos não sentir o peso de uma dívida, de sentir a necessidade de oferecer-lhes uma compensação pelo conforto de que desfrutamos:

> "Nosso felizardo ouve falar dos sofrimentos e das misérias do mundo. Enfim, ele está disposto a fazer sacrifícios e a ser louvado por isso. Mas a imaginação não se contenta com isso. Ela lhe descreve o sofrimento de uma maneira horrível e, no momento em que ele é mais horrível que nunca, uma ideia surge e uma voz lhe diz: isso também poderia acontecer com você. Se, nele, houver sangue cavalheiresco, dirá: por que eu deveria, então, ser dispensado mais que os outros?" (*Étapes sur le chemin de la vie*, p. 536)

Sentimo-nos culpados a ponto de acreditar que somos pecadores

Se aceitássemos reconhecer até que ponto esse sentimento de culpa constitui um fato insuperável em nossa vida psicológica, hesitaríamos menos em recorrer a essa velha palavra religiosa: pecado. Pois não existe outra noção capaz de expressar de forma mais adequada a consciência de uma tara tão estreitamente ligada a nós que nos determina inteiramente, tornando-nos – rigorosamente – pecadores. Por sua radicalidade, a ideia do pecado traduz, com efeito, a condição de um ser que se sabe tão ligado à sua falta, uma vez que esta tem o rosto de sua própria finitude, que seu próprio ser se torna um pouco viciado. Esse vício, como reconhecia Rimbaud, "que deitou suas raízes de sofrimento ao meu lado desde a idade da razão, que sobe ao céu, me bate, me derruba, me arrasta".[19]

Não é esse sentimento obscuro de pecado que alimenta todos os nossos desesperos? Na primeira parte, vimos que o desespero era um ódio de si que traduzia violentamente a consciência de uma contradição existencial: o que provoca o nosso desespero é a nossa incapacidade de dispor de nós mesmos como gostaríamos, essa distância vivida entre, de um lado, um sentimento natural de liberdade e de eternidade e, do outro, o peso opressivo de uma identidade da qual não nos podemos desfazer. Mas agora temos de explicar por que esse ódio de si assume inevitavelmente a aparência de uma condenação. "Não valho nada, sou um fracassado, alguém desinteressante": se o desesperado não se sentisse tão falível, se visse em sua incapacidade de ser si mesmo apenas um simples fato psicológico tão inevitável quanto uma lei da natureza, jamais seria levado a se desesperar de si mesmo. Por que desespera, então? Porque não consegue não ver nessa contradição que o oprime uma insuficiência que engaja sua responsabilidade pessoal. Mesmo que nada possa fazer, ainda, assim, é sua culpa.

Esse sentimento de uma falta pessoal, que nada mais é que uma fraqueza existencial, pode parecer horrível e sem saída. Mas, na realidade, essa consciência desesperada manifesta nossa tenacidade em esperar: do nosso sentimento de culpa, ao menos retiramos a garantia de que nossa incapacidade de ser quem deveríamos ser não se deve a um vício irremediável da natureza humana, e sim a uma falta que teríamos cometido. Enquanto continuarmos a fazer dos impasses de nossas existências a marca de uma fraqueza pessoal, nossa esperança na beatitude permanecerá intacta. É claro que seria bem diferente se considerássemos que essa fraqueza existencial não é nossa culpa, e sim que expressa a triste e insuperável verdade de nossa condição humana. Então, é o próprio ideal de beatitude que, em um piscar de olhos, se tor-

---

19 Arthur Rimbaud, Une saison en enfer

naria uma mentira. Ao considerar que ele permanece nossa única verdade e que, afinal, somos nós que vivemos na mentira, testemunhamos, então, apesar das aparências, nossa obstinada recusa em renunciar a ele:

> "A subjetividade é a verdade; agora, existe uma expressão mais interior para dizer isso? Sim, quando a frase: a subjetividade é a verdade começa assim: a subjetividade é a não verdade. [...] Vamos chamar o pecado de a não verdade do indivíduo."
> (*Post-scriptum aux Miettes philosophiques*, p. 13)

Questões vitais

1. Você costuma sentir-se estressado(a), ansioso(a), angustiado(a) com seu trabalho ou com sua vida familiar? A que atribui esse estado? Não é por se sentir responsável por muitas coisas que, desejando fazer bem-feito, não se permite o fracasso?

2. Agora suponha que o liberem de algumas dessas responsabilidades. Como você reagiria? Você se sentiria aliviado(a), livre de um peso demasiado opressor? Ou quem sabe ficaria ainda mais angustiado(a) com as responsabilidades que ainda precisa assumir? Ainda bem que uma criança não tem muita coisa para administrar em sua existência, mas isso não a impede de sentir uma grande ansiedade pelas notas obtidas na escola!

3. Você às vezes tem a impressão de que seus próximos estão alimentando, com seus comentários ou com suas atitudes, um sentimento permanente de culpa? "Você só me critica! Para você, nada do que faço está bom! Sempre decepciono, não importa o que eu faça." Pergunte-se, com toda a honestidade, se a pessoa atacada merece esse rancor. O fato de se sentir culpado(a) em relação a ela não significa necessariamente que ela desperta essa culpa só com sua mera presença.

4. E se, de fato, suas constantes críticas fazem você se sentir culpado(a), pergunte-se novamente: você se sentiria tão receptivo(a) a essas reclamações se já não tivesse, por si mesmo(a), uma tendência lastimável a se sentir culpado(a)? Não podemos incitar alguém a se sentir culpado contra sua vontade.

Sua predisposição a se sentir culpado(a) é, então, um problema pessoal do qual não pode esperar livrar-se responsabilizando os outros pelo que lhe acontece.

5. Todos nós tendemos a desviar o olhar diante de um sofrimento ou de uma deficiência óbvia demais. Se você se sente tão incomodado(a), não é porque experimenta algum tipo de "má consciência"? Por quê? Afinal, não é culpa sua se você não passa fome e se ainda tem a sorte de andar com as duas pernas! Então, por que se sente tão culpado diante do infortúnio dos outros?

A presença do divino

Sem essa consciência de ser a "não verdade", nunca poderíamos abrir-nos para a ideia do divino. Ideia ridícula? Pura superstição? Muito pelo contrário: gostemos ou não, nossa existência é religiosa porque está inevitavelmente em relação com essa figura do divino. Desse ponto de vista, a diferença é, afinal, bastante pequena entre o crente mais declarado e o ateu mais convicto: ambos se relacionam com o divino. Desse modo, a existência de ambos já está colocada sob o regime de religião. Ao contrário do que se poderia pensar, o próprio ateu continua sendo uma figura religiosa: sua recusa em acreditar é uma maneira, mesmo sendo uma maneira negativa, de ainda se relacionar com o divino.

Querer fazer da razão nosso único critério de verdade

É bastante provável que alguns de vocês não serão convencidos por essa afirmação. Para muitos, a ideia do divino deriva ou da fé cega ou do contrassenso puro e simples. Tudo isso seria, no fundo, apenas uma imensa e grosseira ilusão. Ilusório, nosso sentido de eternidade? Factícia, nossa certeza de ser infinitamente livre? Boa para a literatura, se tanto... E o que dizer da crença em um Deus todo-poderoso, fiador de uma beatitude eterna e árbitro providencial dos destinos humanos? Alguns consideram, assim, perfeitamente ingênuo supor, como pretende a religião, que os homens são os filhos de Deus, quando outros não cessam de mostrar que Deus é que seria o filho dos homens. E até mesmo, seriam às vezes tentados a acrescentar, um filho precoce, filho da juventude do homem, filho anterior à sua maturidade intelectual, aquela em que sua razão se libertaria de uma imaginação infantil!

É verdade que, enquanto nos esforçamos para permanecermos racionais, a ideia do divino não pode parecer muito séria. Ou então, se estivermos dispostos a dar-lhe crédito, será apenas à maneira dos filósofos, por motivos exclusivamente racionais. Assim podemos supor que, de tanto querer procurar indefinidamente a origem do universo, somos logicamente levados a supor a existência de uma causa primeira que teria engendrado tudo sem ser ela mesma engendrada. Sem isso, seríamos obrigados a regressar ao infinito, sem nunca encontrar uma origem ao universo. Essa maneira de crer no divino com certeza nada tem a ver com a religião. Ela não supõe nem revelação nem fé cega. Ela é o que chamamos um "deísmo", isto é, a crença racional na existência de um ser supremo.

Mas a ideia do divino supõe, por definição, algo diferente: refere-se implicitamente a uma realidade transcendente, ou seja, uma realidade que ultrapassa qualquer esforço de compreensão humana. Longe de se deixar apoderar pela inteligência humana, a ideia do divino supõe, ao contrário, que nos desapossemos da razão para acolher o mistério. Como, com efeito, não ver em nossa necessidade de infinita liberdade, de eternidade, de absoluto, um apelo para algo que está além de nós? Quanto mais nos relacionamos com nós mesmos, mais parece que por meio desse encontro se projeta a figura de um outro misterioso:

> "Oh, para mim, só para a mim, em mim [...]
> Aguardo o eco da minha grandeza interna,
> Amarga, sombria e sonora cisterna,
> Soando na alma um oco sempre futuro."[20]

É realmente séria essa impressão? De fato, se também ela nos parece deslocada, se somos levados a ver nessa impressão o efeito de uma pura imaginação poética, é porque nos é difícil renunciar

---

20 Paul Valéry, *Le cimetière marin,* [*O cemitério marinho,* Max Limonad, 1984].

a fazer de nossa razão a medida de todas as coisas. É difícil para nós conceber que o real possa ser outra coisa que racional. Não que pretendamos conhecer tudo e saber tudo, mas tudo o que há para conhecer nos parece ao menos depender de um conhecimento racional. Idealmente, embora não possamos materialmente ter tal pretensão, nada do que existe não deveria ser capaz de escapar ao poder explicativo da razão. Uma realidade que seria impensável porque paradoxal representaria, desse ponto de vista, um motivo de perturbação. Ela seria simplesmente inaceitável. Portanto, ao tornar nossa razão a medida de toda verdade, manifestamos implicitamente nossa rejeição do divino.

O desconhecido, além racional da razão

O engraçado é que essa crença imoderada no poder da razão não tem em si mesma nada de uma crença racional! Pelo contrário, é a marca de uma fé cega que deveríamos ao menos nos dar ao trabalho de questionar. Neste caso, o homem ordinário mostra-se mais comedido que o filósofo, porque tem naturalmente menos dificuldade para não fazer de sua razão um ídolo sagrado. Por que deveríamos fazer de nossa razão o padrão de toda verdade? Seria razoável mostrar-lhe tanta confiança? Não temos, pelo contrário, o dever de nos questionar sobre nosso próprio poder de conhecer e de questionar racionalmente os limites da razão? Sendo bem sincero, nosso desejo de conhecimento deveria ao menos conduzir seu esforço até esse ponto:

> "O paroxismo de toda paixão é sempre querer sua própria perda, assim como é a suprema paixão da inteligência buscar o choque, apesar de esse choque de uma maneira ou de outra levar à sua própria ruína. Esse é o paradoxo supremo do pensamento, o de querer descobrir algo em que ele mesmo não possa pensar. Essa paixão do pensamento continua no fundo muito presente no pensamento, mesmo no do indivíduo, na medida em que, quando ele pensa, ele é apenas ele mesmo."
> (*Les Miettes philosophiques*, p. 75)

A última frase se explica da seguinte forma: ainda que quiséssemos, não poderíamos impedir nosso pensamento de querer descobrir algo que ele mesmo não pode pensar. Nosso pensamento não depende inteiramente de nossa vontade pessoal, ele vai aonde sua própria lógica o conduz. Ora, essa lógica o conduz inevitavelmente à perspectiva de sua própria perda, o pensamento tende imediatamente à ideia de algo que simbolizaria aos seus olhos o "desconhecido". Não um desconhecido que ele ignoraria por falta provisória de inteligência, mas um desconhecido que deveria tão logo ser considerado por ele como o limite intrínseco de toda inteligência.

> "Mas o que é, então, esse Desconhecido com o qual se choca a inteligência em sua paixão paradoxal e que perturba, inclusive, o homem em seu autoconhecimento? É o Desconhecido. Mas quando menos não é nada de humano, pois o homem está em terreno conhecido, nem qualquer outra coisa conhecida dos homens. Então vamos chamar esse Desconhecido de deus. Esse é só um nome que lhe damos." (*Les Miettes philosophiques*, p. 77)

É com efeito só um nome; pouco importa se a batizamos o "outro", o "absoluto", a "diferença" ou o "divino", desde que a ideia permaneça a mesma. O importante é compreender que essa ideia do divino não é o efeito de nossa imaginação como podiam ser os deuses gregos ou os deuses romanos, mas o filho legítimo de nossa razão, uma razão que é conduzida naturalmente a se conceber não mais como o padrão da verdade, mas precisamente como a não verdade! É por isso que não depende de nós ter ou não tal ideia. Mesmo um ateu convicto é forçado a admitir que concebe tal ideia, uma vez que afirma não acreditar nela. Mas vamos mais além: o que significa exatamente o fato de ele "não acreditar nela"? Que sentido deve ser dado à palavra "Eu não creio em Deus"? Isso só pode significar que não cremos na ideia do divino, uma vez que, precisamente, essa crença não depende de uma decisão livre. Impõe por si só, racionalmente:

> "Pretender, com efeito, expressar nossa relação com o Desconhecido negando sua existência é impossível, uma vez que

essa negação implica justamente uma relação." (*Les Miettes philosophiques*, p. 82)

Por fim, tudo o que podemos realmente querer enunciar quando reivindicamos nosso ateísmo não é um julgamento sobre a existência ou não existência do divino, mas, quando muito, um julgamento sobre sua identidade. A saber: esse desconhecido com o qual me relaciono, quem é ele? É um deus? É o mesmo Deus de que falam as Escrituras, ou outro alguém? Em resumo, não se trata de modo algum de estabelecer sua existência, mas apenas de elaborar sua ficha sinalética:

> "Se, em contrapartida, por provar a existência do deus, entendo querer provar que esse Desconhecido, que existe, é o deus, faço uso de uma expressão infeliz, pois então não provo nada, e menos ainda uma existência, mas desenvolvo um conceito." (*Les Miettes philosophiques*, p. 77)

A questão de saber quem é esse desconhecido nada tem de uma questão subsidiária. Mas ela sempre vem após o reconhecimento de sua presença. Que sejamos ateus ou não, que reivindiquemos nosso pertencimento a uma Igreja ou que sempre evitemos de ali pôr os pés, em todos os casos essas atitudes permanecem profundamente religiosas. Mesmo quem pretendesse exibir uma perfeita indiferença a qualquer forma de "carolice" continuaria, por sua própria indiferença, a assumir resolutamente uma posição em relação ao divino. Na medida em que sua indiferença permanece uma "indiferença ao divino", ela pressupõe de sua parte uma consciência muito clara da ideia do divino.

Do desconhecido à revelação

Falar de uma dimensão religiosa, neste caso, parece até um pouco excessivo. Pois sabemos muito bem que a religião não reside unicamente na ideia do divino. Supõe também uma palavra revelada, um texto sagrado, e envolve uma atitude pessoal que é a da fé. Ainda assim, temos o direito de considerar que tudo isso não nos envolve diretamente e que não mantemos nenhuma relação íntima com essas "histórias de padres"? É lógico que não poderíamos nem mesmo pretendê-lo. Pois a ideia do desconhecido nos leva necessariamente à possibilidade de uma revelação, ainda que essa revelação nunca tivesse ocorrido. Por outro lado, não importa o que pensemos sobre religiões reveladas, a própria ideia de revelação se impõe por si só, como se impõe por si só a ideia do divino. É a sua consequência implícita: o desconhecido só pode se tornar conhecido manifestando-se a nós, no espaço como no tempo. A relação que estabelecemos com o divino, se relação deve haver, não pode ser deixada à livre iniciativa de nossa inteligência. Supor que precisamos de uma revelação é ainda uma maneira de assumir que não somos a medida da verdade.

Isso não resolve de forma alguma a questão do crédito que supostamente devemos dar a essa pretensa "boa nova". Nada nos impede de considerar que ela nada mais é que uma bela história contada aos homens por outros homens. Tratando-se de suspeita, o mínimo que podemos imaginar é que, cansados de esperar o desconhecido se manifestar, os homens poderiam simplesmente ter decidido fazê-lo falar. Intelectualmente, nada poderia provar que essa posição é falsa. É por isso que a vida religiosa é uma questão de fé. Neste caso, ninguém é obrigado a ter fé. Mas aqui também, para não ter fé, para se recusar a acreditar, é preciso, antes, pressupor algo em que não acreditamos. Quando um homem pretende não ter fé, essa falta de fé se dirige a uma religião revelada (cristianismo, por exemplo) ou, mais geralmente, a qualquer religião revelada. A descrença é, então, também uma postura religiosa, uma vez que é uma postura em relação a uma revelação. Nem mesmo precisaríamos não ter fé se não existisse nenhuma palavra revelada que nos pede um ato de fé. Em resumo, recusar-se a crer não é sair da religião, e sim assumir uma posição que só é compreensível dentro da estrutura estabelecida da religião.

Crente e descrente: uma simples diferença de grau

A oposição entre o crente e o não crente é uma falsa oposição. Não apenas o não crente é uma figura religiosa, assim como o crente, mas o próprio crente não se distingue tanto do não crente quanto gostaria de pensar. Em questão religiosa, com efeito, a alternativa não é: crer ou não crer. Pois "crer" requer justamente um esforço sobre-humano que não está ao alcance de ninguém. Nenhum homem, adverte Kierkegaard, pode gabar-se de ter fé. Pois a fé, precisamente, não é uma superstição. O que caracteriza o supersticioso é sua extraordinária credulidade. Ele não renuncia de forma alguma à razão, mas a transforma em um depósito de preconceitos ridículos e de crenças absurdas. Como não dispõe mais de nenhum senso crítico, sua credulidade se transforma facilmente em certeza e se torna fanatismo, como essas pessoas que se veem prisioneiras de movimentos sectários. A fé, ao contrário, supõe uma renúncia à razão. Não envolve qualquer renúncia ao nosso senso crítico, não nos dá nenhuma pretensa promessa que deveria apaziguar nossas dúvidas e inquietudes. Pelo contrário, obriga-nos a manter sempre uma consciência lúcida de que aquilo em que acreditamos é, do ponto de vista da razão objetiva, muito pouco verossímil:

> "Objetivamente, portanto, temos apenas a incerteza, mas é precisamente assim que se estende a paixão infinita da interioridade, e a verdade consiste sobretudo nesse ato de audácia que escolhe a incerteza objetiva com a paixão do infinito [...]. Mas esta definição da verdade é uma transcrição daquela da fé. Sem risco, sem fé. A fé é justamente a contradição entre a paixão infinita da interioridade e a incerteza objetiva. Se posso perceber Deus, não creio, mas, justamente porque não posso, tenho de crer, e, se quero conservar a fé, não devo deixar de ter em mente que mantenho a incerteza objetiva."
> (*Post-scriptum aux Miettes philosophiques*, p. 135)

Esta passagem é muito interessante. Testemunha explicitamente que a fé não pode significar a ausência de incerteza. Um homem que tivesse certeza do que diz não precisaria ter fé. Longe de ter convicções, o crente deve, ao contrário, manifestar sua fé mostrando-se capaz de superar suas dúvidas. E isso é bem complicado! Como testemunha a história de Abraão, retomada por Kierkegaard: como pode um pai amoroso, que vê em seu filho jovem a menina de seus olhos, obedecer docilmente a uma voz que lhe ordena oferecer esse filho em sacrifício? Do ponto de vista moral, a razão nunca poderia tolerar tal ato. É monstruoso, insensato! Que força de renúncia, que poder de confiança se deve mostrar para silenciar os imperativos de nossa razão mais sã? Se Abraão fosse um fanático, obedeceria sem questionar. Mas sua força, precisamente, é aceitar cometer o irreparável sem procurar dar-se nenhuma razão e com a plena consciência de que o que faz é simplesmente monstruoso.

Como podemos ver, ter fé é uma tortura para a inteligência. É, então, muito difícil ter realmente fé, renunciando a se acreditar a medida da verdade. Tomemos o exemplo da religião cristã, uma vez que Kierkegaard refere-se apenas a ela. O que ela nos pede para crer é inverossímil, para dizer o mínimo: eis um Deus que se fez homem. Com esse homem, aprendemos em particular que ele veio para nos salvar e para resgatar pelo amor nossos pecados na cruz. A pretensão parece tão enorme, mesmo supondo que tenha sido historicamente comprovada, que é preciso uma coragem singular para aderir a ela. Por que escolheríamos, em detrimento de toda razão, acreditar em alguém que se toma por Deus? E por que deveríamos acreditar naqueles, profetas ou discípulos, que nos transmitem suas palavras? Decididamente, muitas crenças que devem ser consideradas como tantas outras escolhas aleatórias. Afirmar que toda a nossa existência está colocada sob o signo da religião não é de maneira alguma pretender que todo indivíduo seria um crente que se ignora. Na realidade, é o contrário: todo crente seria um ateu que se debate.

Questões vitais

1. Existem coisas que você considera sagradas, que ninguém tem o direito de tocar, nem pode sujar, custe o que custar, porque seria "profaná-las"? Por exemplo, a lembrança de um ente querido e desaparecido? Ou ainda a inocência de uma criança? Ou por que não, valores como os direitos humanos? De onde você acha que eles tiram esse estatuto excepcional que impede tratá-los como coisas ordinárias? Em geral, tudo tem um preço, mesmo que esse preço seja muito alto. Como é possível que ainda subsistam coisas em nosso tempo que não têm preço e que são "santuarizadas"?

2. Se você não acredita em Deus, tente ver, com toda a honestidade, se não haveria alguém ou algo que, sem carregar esse nome, assumiria exatamente o mesmo papel em sua vida. Imaginemos que você se considera alguém muito racional, alérgico a tudo que pretende vir do mistério. Não é a essa crença espontânea no mistério que você deve, no entanto, suas mais belas emoções estéticas? Por exemplo, uma música que o toca profundamente. Seria ela capaz de emocioná-lo tanto sem a impressão de ter algo que o eleva acima de si mesmo? Você seria capaz de experimentar semelhante emoção se não renunciasse, ao menos durante a audição, ao desejo racional de explicar e compreender?

3. Você se vê entre aqueles que consideram as religiões reveladas como imposturas odiosas? Poderia dizer, neste caso, o que desperta sua hostilidade? Talvez a pretensão de forçá-lo a crer cegamente e de fazer docilmente o que lhe parece mentiroso e absurdo? Nesse caso, ao contrário do que poderia supor, você não está de modo algum fora da fé; mas já está debatendo-se no interior de seu círculo. Com efeito, você só é tão hostil porque compreende perfeitamente do que se trata. Não apenas percebe muito claramente as exigências da fé, mas também é muito sensível à sedução que ela é capaz de exercer nos indivíduos. Em resumo, você a leva muito a sério. Por isso, não está tão distante das dores sinceras do crente.

4. Talvez se considere apenas indiferente a essas questões. Não se pergunta se tem fé. No fundo, pouco se importa. Talvez se importasse menos se, amanhã, um médico anunciasse que você vai morrer... Imagine-o dizendo que você tem uma doença incurável, mas que não pode prever se morrerá no decorrer do ano, dentro de dez ou de trinta anos. Se essa situação devesse mudar alguma coisa para você, pergunte-se, então, por que sua situação atual lhe parece menos grave: doença incurável ou não, você não sabe se vai morrer no decorrer do ano, em dez ou em trinta anos.

5. Se você tem fé, mesmo se for praticante, questione-se sobre a sinceridade de sua crença. Não existem certas coisas, entre as que lhe pedem para acreditar, que você acha realmente pouco razoáveis?

Tem uma tendência espontânea a adaptar o dogma à sua conveniência pessoal? Por exemplo, você pode acreditar que Jesus é o filho de Deus, mas é mais difícil admitir que Maria o concebeu sem deixar de ser virgem. Quer acreditar no paraíso, mas o inferno lhe parece mais incerto; aceita acreditar na ressurreição do corpo, mas não no pecado original... Ainda podemos falar de religião se você decide por si mesmo em que deseja acreditar?

A Boa-nova

Se não temos boas razões para crer, o que deveria, então, nos levar a fazê-lo? Nada além que a recusa em renunciar à nossa beatitude. Este é, depois da consciência do pecado e depois da relação com o divino, o último elemento que torna nossa existência uma existência propriamente religiosa. Ao contrário do que poderíamos pensar, não é verdade que todos nós buscamos a felicidade. Nem que buscamos o bem. Acima de tudo, cada um de nós nutre secretamente o sonho de uma salvação que viria milagrosamente salvá-lo de si mesmo.

A fé: uma solução desesperada para uma situação desesperante

"Nossa necessidade de consolo", segundo o escritor sueco Stig Dagerman, "é impossível de ser satisfeita". Esta frase é o título do último manuscrito que escreveu antes de se matar. Desde as primeiras linhas, o jovem autor colocava explicitamente a questão da fé, assim como ela deveria ser colocada para cada um de nós:

> "Sou desprovido de fé e não posso, então, ser feliz, pois um homem que se arrisca a temer que sua vida não passe de uma errância absurda em direção a uma morte certa não pode ser feliz."

Uma necessidade de consolo, portanto, que procede diretamente da consciência lúcida e desesperada de sermos incapazes, por nós mesmos e não importa o que façamos, de pôr um fim à contradição de nossas vidas. Somos por demais solidários dessa contradição para esperar sair dela por conta própria. A terapia poderia acalmar nosso desespero, torná-lo menos doloroso, mas ela não pode pretender libertar-nos de nossa condição humana. E o heroísmo demonstrado quando pretendemos servir eticamente o nosso ideal de beatitude, longe de nos libertar, nos expõe a ele ainda mais violentamente. E cá estamos, então, de volta ao nosso ponto de partida: ao nosso desespero. É ele que, afinal, inscreve nossa existência em um registro religioso:

> "Enquanto a existência estética consiste essencialmente em fruição, a existência ética em luta e vitória, a existência religiosa significa sofrimento, e não como momento de transição, mas como acompanhante constante do sujeito." (*Post-scriptum aux Miettes philosophiques*, p. 192)

Esta é a razão pela qual o problema da fé não poderia ser reduzido à questão trivial de uma adesão intelectual, sob o registro bastante neutro de um "eu acredito, ou eu não acredito". Tratar a religião revelada como uma doutrina à qual seria conveniente aderir para saber se, no fim de contas, se acredita em Jesus Cristo ou em Deus Pai é uma maneira pobre de compreender a vida religiosa.

Etimologicamente, a fé não designa uma crença, mas um ato de "confiança". Não temos fé em algo, mas, primeiro, em alguém. E é apenas na medida em que depositamos nossa fé nele, seja ele quem for, que estamos determinados a considerar o que ele nos diz como uma palavra de verdade. Quanto a isso, a fé religiosa é muito mais parecida com uma relação afetiva que com o julgamento ponderado de um formador de opinião:

> "A fé não é um ensinamento para *minus habentes*[21] na esfera da intelectualidade, um asilo para cabeças fracas. Mas a fé é uma esfera em si, e cada erro sobre o cristianismo é logo reconhecível pelo fato de ela o transformar em doutrina e de o atrair para o plano da intelectualidade. Enquanto na esfera da intelectualidade o máximo que se pode realizar é tornar-se indiferente à realidade do mestre, ocorre o contrário na fé; o

---

21 Pessoa pouco inteligente.

máximo é o interesse infinito pela realidade do mestre." (*Post--scriptum aux Miettes philosophiques*, p. 219)

Como se relaciona com algo afetivo, quase visceral, a fé não é um engajamento neutro. Ela vale aos nossos olhos só o que colocamos afetivamente sobre ela. O anúncio da Boa-nova não teria valor algum se nos contentássemos em considerá-la objetivamente. E este seria um erro grosseiro que negligenciaria a imensa expectativa que a antecede. A fé que depositamos nela é tanto um gesto de confiança quanto a declaração de uma louca esperança: "Das profundezas clamo a ti [...] minha alma espera o Senhor/ Mais que um vigia espreita a aurora", canta o salmo 129. É assim que nos referimos às pessoas que ainda se obstinam em crer em uma causa que tudo nos leva a acreditar perdida: eles têm "fé". Crer, contra toda verossimilhança, que o que é impossível ainda é possível é a definição mesma da fé. Não é um gesto de resignação, mas a obstinação teimosa que às vezes encontramos nesses casais que, incessantemente, lutam pela sobrevivência de seu amor. Sob muitos aspectos, a grande diferença de longevidade entre os casais deve-se menos aos tipos de dificuldades que enfrentam (geralmente as mesmas) que à esperança inabalável e comum que têm em superá-las. Questão de fé:

> "Estar tranquilamente sentado em um barco com um tempo calmo não é uma imagem da fé, mas, quando há um vazamento no barco, então, com entusiasmo, mantê-lo em boas condições com a ajuda de bombas e, no entanto, não procurar voltar ao porto: esta é a imagem da fé." (*Post-scriptum aux Miettes philosophiques*, p. 149)

O que, hoje, nos mantém tão afastados da fé não é realmente a nossa propensão a nos mostrar mais racionais, menos fáceis de enganar. Sem dúvida, a verdadeira explicação para o declínio da prática religiosa deve ser buscada em outro lugar, no esquecimento de nossa personalidade: por levar uma existência superficial, é grande nossa dificuldade para sentir em toda a sua violência a natureza patética do destino humano. Se Hamlet tem ideias sombrias ao pensar na morte, acredita-se, é apenas porque sofre de uma desagradável depressão. Sendo assim, ele não tem com o que se preocupar. Não é na Dinamarca que há algo de podre, é apenas Hamlet que não está muito bem. Esse tipo de discurso nos leva, naturalmente, a atrair sobre o a religião o olhar arrogante daqueles que não precisam mais dela. Se o cristianismo e, de maneira mais geral, se todas as religiões reveladas conheceram esse sucesso histórico, é sobretudo porque traziam uma mensagem de esperança às pessoas que estavam conscientes de necessitar cruelmente dela.

A aposta da esperança: acreditar no impossível

Mas essa leveza com a qual lidamos com as questões religiosas não é definitiva. Como poderia sê-lo, enquanto durar a nossa propensão a desesperar? Como Kierkegaard escreveu lindamente, é a uma mãe à cabeceira do filho doente que devemos a invenção da oração, assim como devemos a invenção da poesia a um amante infeliz. Observação justa. Enquanto pudermos apegar-nos à esperança de uma solução, a oração permanecerá inútil. Ainda podemos encontrar os recursos para agir por conta própria. Mas, quando tudo foi feito e que não resta mais esperança alguma, o que fazer senão confiar na crença de que o impossível permanece possível? Quem perdeu um ente querido sabe algo a esse respeito. Como enfrentar o escândalo de sua morte, a não ser alimentando a esperança de que nem tudo acabou? Quem está realmente em uma situação sem saída logo aprende a dar o salto da esperança. Não é necessário conhecer seu credo de cor para sentir brotar naturalmente dentro de si o desejo de orar. "Meu Deus, me ajude!": quantos de nós juraríamos não ter jamais pronunciado essa frase?

> "Orar é ainda respirar, e o possível é para o eu o que o oxigênio é para os pulmões. [...] somente aquele que tal adversidade fez nascer para a vida espiritual ao compreender que tudo é

possível, somente esse entrou em contato com Deus." (*Traité du désespoir*, p. 387)

Em suma, é uma questão de aceitar acreditar em milagres. Mas os "milagres" não são todas essas pretensas manifestações sobrenaturais que, como tantas provas tangíveis da presença de Deus, nos colocariam na posição vantajosa de não precisar mais crer. Graças a eles, saberíamos, teríamos, enfim, nossas provas! Na realidade, o milagre reside, sobretudo, no anúncio da própria Boa-nova, que nos diz que o impossível é possível, que o amor eterno não é uma palavra vazia, que a beatitude eterna não é um voto piedoso, que todos os nossos esforços éticos para servir o bem não são inúteis, pois são sustentados pela divina Providência...

É realmente credulidade? Uma maneira um tanto grosseira e muito cômoda, poder-se-ia dizer, de confundir nossos sonhos com a realidade? Mas, se essa crença no milagre deve ser considerada inaceitável, então o mesmo vale rigorosamente para todos os nossos impulsos amorosos, para todas as nossas emoções estéticas e para todas as nossas exaltações morais. Tudo isso, bem entendido, já é um milagre! Talvez milagres de um instante e que não bastam para reconciliar, definitivamente, o tempo e a eternidade, mas, ainda assim, milagres. No mais, estamos bem conscientes, uma vez que ainda hoje, tão empanturrados de espírito cético, estamos inclinados a vê-los como puros momentos de "graça", despertando em nós uma espécie de forma natural de piedade:

> "A espontaneidade da inclinação amorosa só reconhece uma única espontaneidade como sendo igual a ela: a espontaneidade religiosa [...]. É assim que o milagre da inclinação amorosa é incorporado a um milagre puramente religioso, que a absurdidade da inclinação amorosa chega a um entendimento divino com a absurdidade do sentimento religioso! Uma pessoa simples e honesta que respeita o bom senso compreende muito bem que o absurdo existe e que ele não pode ser compreendido. (*Étapes sur le chemin de la vie*, p. 188)

A constatação feita aqui por Kierkegaard é fácil de verificar. Quando se está apaixonado, você naturalmente não costuma traduzir esse amor usando um vocabulário religioso? A pessoa amada é "adorada", desperta em nós um "transporte", um "arrebatamento", um "êxtase", ela é um "presente do céu"... prova de que todo amor verdadeiro já é vivido espontaneamente como um pequeno milagre.

A recusa da resignação

Acreditar em milagre, portanto. Dedicar tantas páginas ao problema de nossa existência para chegar, no fim de contas, a essa solução seria um bom motivo para decepcioná-lo. Você realmente teria o direito de avaliar que é uma solução irrisória! Então Kierkegaard não tem nada melhor para oferecer? Apesar das aparências, é uma solução muito ambiciosa, a única a bem dizer que não impõe que você simplesmente desista de si mesmo. Não é de modo algum uma maneira de se resignar, pois se resignar significaria desertar desta vida refugiando-se no consolo de um mundo melhor. Como não posso alcançar meu ideal nesta vida, diz o resignado, então será mais tarde. Tenho de ser paciente e suportar o que me acontece, no tempo desta vida. Supondo que tal atitude seja possível, por que seria recomendável? Por que, por exemplo, deveríamos aceitar a resignação em ver morrer uma criança levada pela doença? Como teríamos até mesmo o direito de nos resignar com esse sofrimento? O que a mãe dessa criança quer, com toda a sua força, com toda a sua alma, é que ela não morra! O que ela quer é um milagre aqui e agora.

Existem muitas doutrinas filosóficas que pretendem oferecer meios eficazes para lutar contra o sofrimento da existência. Mas a maioria delas quase sempre volta à mesma coisa: uma vez que não podemos lutar contra a necessidade, de nada serve pretender combatê-la. Pelo contrário, é preciso aceitá-la e, até mesmo, idealmente, aprender a querer o que ela nos impõe, vendo-a como a manifestação de uma razão soberana. Os estoicos chamavam isso de *amor fati*, o "amor ao destino". Quando Jó vê mil calamidades caírem sobre sua cabeça, uma após a outra, ele mostra no início a mesma sabedoria resignada: "Deus me deu, Deus me tomou. Louvado seja o Senhor." Depois chega o momento em que, mesmo assim, cansado de aceitar a necessidade, ele grita sua revolta: "Meus sofrimentos são mais pesados que a areia do mar!" Foi nesse momento, em sua recusa em aceitar o inaceitável e, portanto, em sua fidelidade contínua ao seu ideal de beatitude, que ele manifestou melhor sua fé:

> "A grandeza de Jó se deve ao fato de não consentir em relaxar e em sufocar, por uma falsa satisfação, a paixão pela liberdade." (*Journal*, III, 189)

Deste ponto de vista, somos todos como Jó. Apesar de todas as sábias recomendações dos filósofos, recusamo-nos a nos resignar à presença do mal, ao arbitrário da doença, ao escândalo da pena imerecida. Nada nos parece mais horrível que um inocente sacrificado e nada justifica aos nossos olhos que nos cansemos de combater essa injustiça. Todas as soluções que nos são oferecidas para enfrentar o sofrimento têm algo de artificial porque consistem em se desapossar de uma parte de nós mesmos: ou nos refugiamos em imaginação no sentimento de uma liberdade e de uma eternidade realizadas, em que a necessidade e o tempo não mais existiriam para nós (solução da resignação); ou, pelo contrário, nós nos identificamos ao curso implacável da necessidade e da passagem do tempo, sem nos deixar qualquer liberdade para querer outra coisa que o que eles nos impõem (solução do *amor fati*). Por serem artificiais, essas soluções são impraticáveis. Apenas nos oferecem resolver a contradição de nossa existência suprimindo um de seus termos! Em outras palavras, elas gostariam que abandonássemos nossa condição de indivíduos. Mas somos indivíduos e, para nós, é tão rigorosamente impossível renunciar à nossa liberdade quanto querer renunciar a habitar "este" mundo.

Por isso, temos naturalmente necessidade de acreditar em milagres. O milagre não é uma solução para outro mundo, mas uma solução para aqui e agora. A fé religiosa não é uma maneira de renunciar a esta vida, e sim uma maneira de aderir a ela como nunca, com a confiança inabalável daquele que, aconteça o que acontecer, já venceu a necessidade. Kierkegaard compara essa situação à de um acrobata que saltaria no ar antes de pousar seus pés, no mesmo lugar. Um "salto no lugar" que não se traduz por nenhuma mudança particular, por nenhuma tentativa de fuga. Exteriormente, portanto, nada muda. Você faz exatamente as mesmas coisas que fazia antes de ter fé. E, concretamente, acontecem com você as mesmas coisas que com qualquer outra pessoa. Nada mudou; e, ainda assim, tudo mudou.

Não é a crença em um milagre que impedirá o inevitável de acontecer. Jó sempre permanecerá sentado em sua pilha de esterco. Uma mãe pode rezar durante a noite toda pela vida de seu filho sem que isso mude algo. Mas esse não é o milagre em que se deve acreditar. Jó deve manter a inabalável esperança de que o que ele perdeu, de uma maneira ou de outra, lhe será restituído cem vezes mais. É claro que não lhe pedimos que renuncie a esta vida com a soberba resignação de um homem que teria compreendido de antemão que tudo é apenas vaidade. Seu desejo de beatitude não teria valor algum se isso devesse significar que ele renuncia à sua humanidade. E a mãe enlutada deve acreditar com toda a força que seu filho perdido ainda está vivo. O resignado lhe dirá, no entanto: "Liberte-se de todas essas correntes que a prendem ao mundo e ao seu filho. Pois, no céu, você não terá nem pai nem filho". O estoico lhe dirá: "Se perder seu filho, diga a si mesma que o devolveu, pois ele não lhe pertencia". E o crente, o que lhe dirá? A única coisa que ela necessite ouvir em um momento como este: "Console-se porque ele não está morto. A morte foi derrotada. Seu filho lhe será devolvido. Em termos de consolo, nenhum sistema erudito de filosofia ainda não encontrou algo melhor. É por isso que a vida religiosa ainda permanece, por muito tempo, o único horizonte pensável de nossa existência.

Ação filosófica

1. Aprenda a confiar. É o primeiro passo para a fé, mas também é a maneira mais recomendável de amar os outros. Confiar em alguém não é confiar na probabilidade de que ele fará isso ou aquilo, mas esperar que ele o fará. Uma mãe que confia no filho pode não ter razão alguma para confiar nele. Um homem que confia na esposa talvez seja cego. Mas é justamente isso que chamamos de confiança. Se você emprestar dinheiro apenas àqueles que considera "confiáveis", então não será mais uma confiança, mas um investimento calculado. Ninguém será digno(a) de sua confiança se você não aceitar primeiro depositar sua confiança nele(a).

Um pai que associa rigorosas garantias às permissões concedidas não desperta em seu filho a vontade de se mostrar digno de confiança. Um homem que desconfia o tempo todo de sua mulher não é mais um homem afetuoso, mas um ciumento que insiste em garantir o uso e a propriedade daquilo que ele ama.

2. Tenha a coragem de esperar. A esperança não é a expectativa. Temos expectativa quando existem algumas razões para achar que algo pode acontecer. Ao contrário, temos esperança quando não temos mais expectativa. Subestimamos demais a importância capital da esperança em nossas vidas: as mais belas realizações não foram alcançadas na base de probabilidades favoráveis, mas apesar delas. Quando um homem sozinho, contra a opinião de todos, acredita que é possível fazer o que todos acreditam ser impossível, ele tem fé. E somente a fé, como sabemos, pode mover montanhas!

3. Aprenda a considerar que tudo que você conseguiu com seu esforço, na realidade você o recebeu. A criança que você ama é sempre mais valiosa quando você a vê como um presente que lhe é oferecido, e não como uma propriedade duramente conquistada. Todo nascimento não é um milagre? O homem ou a mulher que o(a) ama não é nada enquanto você o(a) vir como uma con-

quista sua. Ocorre o contrário quando você o(a) considera como um dom gracioso, assim como todo verdadeiro encontro. Seus sucessos profissionais, com certeza você os mereceu pelo seu trabalho dedicado. Mas outros além de você eram tão merecedores e não conheceram o mesmo sucesso. Em resumo, seja humilde e aceite ser o instrumento de uma providência que está além de você.

Elementos de uma vida

Comparada à obra que lega à posteridade, a vida de um autor é muitas vezes trivial, até decepcionante, e é difícil discernir a maneira como o homem viveu o gênio testemunhado pelo autor na elaboração de seus escritos. Raríssimos são os pensadores dos quais podemos afirmar que viveram como pensaram e que pensaram tudo o que viveram. Kierkegaard é um desses. Entre seu nascimento afortunado em 5 de maio de 1813 em Copenhague e sua morte miserável em um hospital quarenta e dois anos depois, em 11 de novembro de 1855, sua carreira de pensador não passou de uma longa explicação para sua vida.

Em seus escritos, sempre falou apenas do que poderia testemunhar na primeira pessoa. A começar pelo sentimento opressor da falta e da consciência do pecado. Foi de seu pai, Mikael Kierkegaard, que herdou esse pesado legado. Rico comerciante e cristão convicto, este último viveu quando criança a miséria profunda de um pequeno pastor da Jutlândia. Em um dia de sofrimento, o pastorzinho lançou uma maldição contra Deus, da qual guardou a memória até sua morte. Ele compartilha seu sentimento de condenação com seu filho favorito, Søren Aabye, o filho da velhice, o último de um grupo de sete irmãos que será duramente atingido pelas mortes sucessivas. Dos sete filhos, com efeito, apenas dois sobreviverão, como se Deus nunca acabasse de punir a injúria. Do desespero, Søren fala com pleno conhecimento de causa: por toda a sua vida, ele travará uma luta contra uma poderosa melancolia que suas visitas ao médico deixarão sem solução.

Em 1830, no final de seus estudos secundários, o jovem Søren ingressou na universidade para seguir um curso de teologia. Dos dezessete aos vinte e oito anos, ele viveu a existência despreocupada de um estudante bem de vida, adepto do dandismo e do romantismo anticonformista que reinava nesse período em Copenhague. Dessa época, ele tira seu conhecimento profundo de uma visão estética da existência da qual nunca se afastaria de todo. Mas, com a morte de seu pai, em 9 de agosto de 1838, termina brutalmente esse período de despreocupação. Três anos depois, termina sua tese de teologia e decide casar-se. Mas o casamento nunca acontecerá porque Kierkegaard, contra todas as expectativas, rompe o noivado. Régine Olsen, sua noiva, se tornará, então, esposa de outro. Sua incapacidade de assumir a condição de um esposo e a consciência lúcida de ter perjurado alimentaram incansavelmente as considerações de Kierkegaard sobre o amor e o engajamento ético. Envolvido com uma mulher com quem nunca se casará, ele não deixará de vê-la como seu primeiro e único amor, a ponto de torná-la sua única herdeira com sua morte. O testamento que lhe deixa é muito explícito: "Desejo expressar que, para mim, um noivado teve e tem a mesma força de obrigação que um casamento e que, portanto, minha herança lhe pertence como se eu tivesse casado com ela".

Livre de todo engajamento, destinado a permanecer por toda a vida um celibatário sem descendentes, Kierkegaard começa, assim, a última parte de sua vida. De 1841 a 1855, ajudado pela herança de seu pai que ele dilapida conscienciosamente, escreve sem descanso. Apenas catorze anos para produzir uma obra colossal, com um frenesi de escrita que consome toda a sua energia, dia após dia, até que desmaia na rua, em 2 de outubro de 1855. Com certeza, o que escreve sobre a paixão voraz, ele o viveu em sua carne como um incêndio de sua vida. Nada mais existiu que essa obra que, literalmente, exigiu de sua parte que lhe sacrificasse tudo. Para muitos psicólogos, Kierkegaard é considerado, hoje, um caso clássico: a maneira como as circunstâncias de sua vida alimentam constantemente seu pensamento vale, aos olhos deles, como uma explicação suficiente de sua obra. O que Kierkegaard escreve sobre o desespero, por exemplo, deve ser explicado pela profunda melancolia do personagem. Mas ver as coisas assim é uma maneira injusta e desonesta de pesar sua vida. A grandeza de Kierkegaard é, ao contrário, ter elevado suas pequenas singularidades biográficas à altura de um drama existencial que diz respeito a todos nós. Em seus sofrimentos de indivíduo, ele soube perceber o drama completo da existência e era assim que pretendia vivê-los. Pensador existencial, mostrou-se também um vivente existencial, atento a fazer de si mesmo, em suas fraquezas como em suas escolhas, um paradigma de humanidade.

A posteridade de Kierkegaard é bastante contrastada. De um lado, continua sendo o ponto de referência obrigatório para toda a filosofia existencial, e muitos são os filósofos que reivindicam, portanto, uma dívida com ele: Karl Jaspers, Jean-Paul Sartre, Martin Heidegger, Paul Ricoeur, para citar apenas alguns. Mas, de outro, não há filósofo que se reivindique abertamente kierkegaardiano, como alguns se reivindicam kantianos, nietzscheanos ou heideggerianos. Desse ponto de vista, Kierkegaard tem muitos primos, mas nenhum herdeiro direto. Por quê? Porque não era um filósofo nem pretendia sê-lo. Como Pascal, e por razões bastante semelhantes, ele nutria muita desconfiança quanto às pretensões da razão filosófica para aparecer como um membro pleno da tribo. Religioso demais, comprometido demais, enfurecido demais, apaixonado demais...

Guia de leitura

A obra de Kierkegaard é copiosa: na edição de referência (Éditions de l'Orante), estabelecida por Paul-Henri Tisseau e por sua filha, ela contém nada menos que vinte volumes. Aos escritos propriamente filosóficos, acrescentam-se os muitos *Sermões edificantes* que ele publicou e o *Diário* que manteve ao longo de sua vida.

Obras de Kierkegaard

Ou bien... Ou bien..., Gallimard, "Tel", 1943.

Também traduzida com o título *L'Alternative*, é a primeira grande obra de Kierkegaard. Nela, não há ainda muitas questões de religião, mas já se encontra a oposição entre a concepção estética da existência (em particular no célebre *Diário de um sedutor*) e a concepção ética em torno da questão do amor.

Crainte et tremblement, Rivages, "Petite bibliothèque", 2000 [*Temor e tremor*, Editora Hemus, 2008].

Longa e magnífica meditação sobre o sacrifício de Isaque por Abraão. Uma reflexão bela demais, carregada de poesia, sobre o tema da fé.

La Reprise, Flammarion, "GF", 1990.

Texto muito acessível que examina a questão crucial do engajamento e da fidelidade ao longo do tempo. Como ser fiel ao outro no amor, como ser fiel a Deus na fé e, portanto, como ser fiel a si mesmo.

Les Miettes philosophiques, Gallimard, "Tel", 1990 [*Migalhas filosóficas*, Editora Vozes, 2011].

Uma meditação profunda sobre a questão do "tornar-se cristão" por meio de uma surpreendente reflexão sobre a relação mestre-discípulo que deve interessar a qualquer pedagogo.

Le Concept d'angoisse, Gallimard, "Tel", 1990 [O conceito de angústia, Editora Vozes (Vozes de bolso), 2017].

Obra fascinante, muito mais estruturada que os outros textos, é um ensaio sobre teologia aplicada: Kierkegaard mostra ali, com perfeito domínio dialético, como se pode usar categorias religiosas para explicar, sutilmente, um fenômeno da psicologia comum: a angústia, a ansiedade.

Étapes sur le chemin de la vie, Gallimard, "Tel", 1948.

Este texto retoma o debate iniciado em Ou bien... Ou bien... adicionando à polifonia das vozes o canto da consciência religiosa.

Post-scriptum aux Miettes philosophiques, Galimard, "Tel", 1949 [Pós-escrito às migalhas filosóficas, Editora Vozes, 2016].

Sem dúvida, a obra mais sintética do pensamento de Kierkegaard. Um compêndio de difícil acesso. Inclui um longo desenvolvimento sobre o pensamento anônimo e o esquecimento da existência.

La maladie à la mort. Traité du désespoir, Gallimard, "Tel", 1990 [O desespero humano: doença até a morte, UNESP, 2010].

O melhor para o final. Assim como *Le Concept d'angoisse*, o *Traité du désespoir* é um magnífico tratado de teologia aplicada ao campo da psicologia. Muito do que você leu na primeira parte é tirado dele.

Outras obras citadas

"Um compte rendu littéraire", in *OEuvres complètes*, Éditions de l'Orante, 1979.

"Point de vue explicatif de mon oeuvre", in *Oeuvres complètes*, Éditions de l'Orante, 1979.

Comentários

Georges Gusdorf, *Kierkegaard*, Seghers, 1963 (reeditado em 2011, CNRS éditions).

Um livro curto e de fácil acesso que destaca a biografia de Kierkegaard.

Olivier Cauly, *Kierkegaard*, PUF, 1996.

Uma introdução filosófica com uma clara organização em torno dos três estados da existência: estética, ética, religiosa.

France Farago, *Comprendre Kierkegaard*, Armand Colin, 2005 [Compreender Kierkegaard, Editora Vozes, 2011].

Uma iniciação a Kierkegaard que também tem o mérito de ser menos acadêmica, portanto menos neutra e mais engajada.

Léon Chestov, *Kierkegaard et la philosophie existentielle*, Vrin, 1972.

Um trabalho não apenas sobre Kierkegaard, mas também profundamente kierkegaardiano. Léon Chestov parte da perspectiva religiosa de Kierkegaard e faz dela a matriz de sua leitura. Esta é a melhor introdução que posso recomendar.

CULTURAL

Administração
Antropologia
Biografias
Comunicação
Dinâmicas e Jogos
Ecologia e Meio Ambiente
Educação e Pedagogia
Filosofia
História
Letras e Literatura
Obras de referência
Política
Psicologia
Saúde e Nutrição
Serviço Social e Trabalho
Sociologia

CATEQUÉTICO PASTORAL

Catequese
　Geral
　Crisma
　Primeira Eucaristia

　　Pastoral
　　　Geral
　　　Sacramental
　　　Familiar
　　　Social
　　　Ensino Religioso Escolar

TEOLÓGICO ESPIRITUAL

Biografias
Devocionários
Espiritualidade e Mística
Espiritualidade Mariana
Franciscanismo
Autoconhecimento
Liturgia
Obras de referência
Sagrada Escritura e Livros Apócrifos

　Teologia
　　Bíblica
　　Histórica
　　Prática
　　Sistemática

REVISTAS

Concilium
Estudos Bíblicos
Grande Sinal
REB (Revista Eclesiástica Brasileira)

VOZES NOBILIS

Uma linha editorial especial, com importantes autores, alto valor agregado e qualidade superior.

VOZES DE BOLSO

Obras clássicas de Ciências Humanas em formato de bolso.

PRODUTOS SAZONAIS

Folhinha do Sagrado Coração de Jesus
Calendário de mesa do Sagrado Coração de Jesus
Almanaque Santo Antônio
Agendinha
Diário Vozes
Meditações para o dia a dia
Encontro diário com Deus
Guia Litúrgico

CADASTRE-SE
www.vozes.com.br

EDITORA VOZES LTDA.
Rua Frei Luís, 100 – Centro – Cep 25689-900 – Petrópolis, RJ
Tel.: (24) 2233-9000 – Fax: (24) 2231-4676 – E-mail: vendas@vozes.com.br

UNIDADES NO BRASIL: Belo Horizonte, MG – Brasília, DF – Campinas, SP – Cuiabá, MT
Curitiba, PR – Fortaleza, CE – Juiz de Fora, MG – Petrópolis, RJ – Recife, PE – São Paulo, SP